T0146797

Lágrimas,
perlas de la vida

Lágrimas, perlas de la vida

"Como en algo tan pequeño como una lágrima cabe algo tan grande como un sentimiento"

Silvia Márquez de García

Número de Control de la Biblioteca del Congreso de EE. UU.:   2019912078
ISBN: Tapa Dura   978-1-5065-2991-2
             Tapa Blanda   978-1-5065-2990-5
             Libro Electrónico   978-1-5065-2989-9

Para realizar pedidos de este libro, contacte con:
Palibrio
1663 Liberty Drive
Suite 200
Bloomington, IN 47403
Gratis desde EE. UU. al 877.407.5847
Gratis desde México al 01.800.288.2243
Gratis desde España al 900.866.949
Desde otro país al +1.812.671.9757
Fax: 01.812.355.1576
ventas@palibrio.com
798701

ÍNDICE

Dedicatoria

Dedico este libro:

A mi familia que me ha instado a seguir escribiendo

A mis queridas amigas y familiares que han sufrido "La lepra" de los últimos tiempos, el temible "**CÁNCER**" algunas guerreras viviendo su milagro y otras descansando en el cielo

También a todas las mujeres que han pasado por el imparable "**DIVORCIO**" Mujeres de valor que del suelo Dios las recogió y les dio una nueva y mejor oportunidad de vida

Para todas las personas que han podido ser **LIBRES DE FALTA DE PERDÓN**

Y por aquellas que han tenido que pasar por el DOLOR al despedir y entregar a Dios un ser muy amado.

Por los huérfanos, los discapacitados, por todos

LOS MENOSPRECIADOS Y ABANDONADOS DEL MUNDO

Agradecimientos

Agradezco a Dios por permitirme de nuevo expresar de su poder y Amor

Agradezco con todo mi corazón a mis amigos y amigas de FIHNEC que patrocinaron mi libro, que El Señor les recompense grandemente.

Agradezco a todas las que anónimamente me han apoyado para seguir con mis sueños y los que Dios ha dispuesto para honrar su nombre y promover su reino aquí en la tierra

Introducción

"Los que siembran con lágrimas cosecharan con gritos de alegría

Lloran al ir sembrando sus semillas, pero regresan cantando cuando traen la cosecha"

Salmo 126:5-6 NTV

Qué son las Lágrimas

(Del lat. *lagrima*)

Cada una de las gotas vertidas por las
Glándulas lagrimales, que aparecen por una emoción
intensa, por irritación del ojo o por risa
The free dictionary

ORIGEN

Las lágrimas a causa de emoción son un rasgo exclusivamente
humano.

¿Qué sucede en nuestra estructura cerebral que posibilita el
llanto y nos diferencia del resto de los animales?

De acuerdo al profesor inglés Michael Trimble del Instituto de Neurología en Londres, la evolución y la cultura moldearon la mente humana para que pudiera expresar sus sentimientos a un nivel superior al resto del reino animal.

Las lágrimas en el ser humano

EN EL NACIMIENTO

Desde que llegamos a este mundo, hay una necesidad de llorar, el hecho de no hacerlo solo significarían que pueda haber malas noticias, por lo tanto la ayuda clínica es muy importante en ese momento tan vital. Antiguamente las prácticas para que él bebe llorara al nacer era: colgarlo de los pies y darle una nalgada, un golpe en la espalda o se le daba un pellizco, por lo regular se contrataban parteras. Se consideraba que el parto había terminado con éxito cuando se oía el primer llanto del recién nacido.

Actualmente ya no se realizan este tipo de prácticas, la mayoría de las veces se inicia la respiración del bebe de forma espontánea seguida del llanto, si no fuese de esta manera los médicos tendrían que intervenir para estimular la respiración del bebe, en ningún caso se dan nalgadas.

EFECTOS FISIOLÓGICOS BENEFICIOSOS

PARA EL BEBE.- El llanto contribuye a su respiración voluntaria para eliminar el líquido amniótico y mucosidad en la boca nariz y conductos respiratorios.

PARA LA MADRE.- El llanto es una emoción después del gran esfuerzo y dolor por el alumbramiento, escuchar su voz por primera vez es motivo de alegría, da tranquilidad y culmina con la meta cumplida en la larga carrera de nueve meses. Después de la tensión que paso por la preocupación de que él bebe nazca bien, milagrosamente comienza a segregar hormonas que estimulan la producción y bajada de la leche.

> "Las lágrimas desempeñan un papel de extrema importancia a la hora de desarrollar el vínculo de una madre con su hijo. Favorecen el desarrollo del amor maternal"
>
> (Psiquiatra John Bowlby)

Por qué se llora en la vida

Nadie sabe en realidad por qué lloramos, pero una hipótesis interesante del psicólogo holandés Ad Vingerhoets, es que al empañarnos los ojos, las lágrimas informan que temporalmente nos encontramos indefensos y, por tanto, somos vulnerables. Indican que no podemos hacer daño alguno.

El estado de tristeza y pasividad a través de las lágrimas nos ayuda a eliminar la agresividad de los demás, de hecho es incómodo ver llorar a alguien.

Las lágrimas son el medio de comunicación no verbal de un niño, un adolescente, una mujer o un anciano

"Ríe y el mundo reirá contigo, llora y lloraras solo"
Ely Wilcox

Las lágrimas en la mujeres

Las mujeres lloran cuatro veces más que los hombres tras la pubertad. Esto está relacionado con la producción de algunas hormonas como la prolactina, que es la responsable de la lactancia después del parto, de la ausencia de ovulación y del brote de las lágrimas.

Después de dar a luz, el nivel de prolactina aumenta todavía más, lo que explica que las madres jóvenes puedan tener la lágrima fácil. Por el contrario, después de los cuarenta, el nivel de prolactina disminuye y las mujeres dejan de llorar más que los hombres.

TIPOS DE LÁGRIMAS HUMANAS

Las saludables y las amargas

Por lo general, las lágrimas de emoción suelen ser saludables, ya que contienen leucina encefalina, una hormona que actúa sobre el dolor, así como las moléculas y las toxinas del estrés, que el cuerpo evacúa al llorar. Asimismo, el mensaje nervioso que provocan las lágrimas origina la producción de analgésicos (supresores del dolor) naturales. Un estudio ha calculado que llorar disminuye la tristeza o el enfado aproximadamente en un 40%.

Sin embargo, no todas las lágrimas de emoción alivian.

Según un estudio realizado a 200 mujeres de los Países Bajos, las personas que sufren depresión o ansiedad se sienten incluso peor después de llorar.

1.- Lágrimas de dolor y tristeza

Por lo regular las personas soportan por mucho tiempo situaciones difíciles a través de malas noticias como:

La muerte de un ser amado, enfermedades, traiciones, abandono, divorcios, violencia, fracasos, soledad, depresión, falta de paz, etc.

"La gente llora no porque sea débil, sino porque lleva mucho tiempo siendo fuerte"

2.- Lágrimas del Amor no ayudan al sexo

No obstante, las lágrimas de una mujer también tienen la particularidad de "intimidar" a un hombre. Está científicamente demostrado. Tras enfrentar a un grupo de hombres a mujeres llorando, los investigadores les enseñaron a éstos imágenes sexualmente excitantes y comprobaron que esos hombres se encontraban menos estimulados que el resto que no habían sido sometidos a las lágrimas. El dato se explica por el hecho de que las lágrimas de las mujeres provocan una disminución de los niveles de testosterona en los hombres.

Esto explica muchas cosas... una novia locamente enamorada que se echa a llorar en los brazos de un hombre le provocará a este último ternura, claro está, y ganas de protegerla y consolarla, sin lugar a dudas; pero esas lágrimas también le van a hacer dejar de lado durante un tiempo sus expectativas sexuales, si las tuviese.

También suele ocurrir que las mujeres lloran después de que se les abraza. Las lágrimas envían una señal química al hombre para que de nuevo reduzca su ímpetu; son otra forma de decirle: "ya está, no sigas", cortando su producción de testosterona.

3.- Lágrimas en la Cultura

Como seres humanos este tipo de lágrimas forman parte de nuestra condición física, psicológica, cultural y social

- **El arte**
- **Un poema**
- **Una novela**
- **Una obra de teatro**

- **Una película**
- Y especialmente LA MÚSICA nos conmueve…

Durante un estudio, se demostró que el 85% de los participantes lagrimaron al escuchar música emotiva. Estimulando nuestro sistema límbico, la música evoca memorias

4.- El llanto resulta poco digno y no se le tolera a algunos

- Al Hombre

    La Culturas han influenciado en la idea de que "el hombre no debe llorar" derivada del machismo, por lo tanto para que un hombre llegue a llorar es porque de verdad que está pasando por un dolor muy grande dentro de su ser

- **Lágrimas por una mascota**

Existen personas que se sensibilizan más por un animal que por su propia familia, lloran por sus mascotas si algo les sucede.

- **Lágrimas por los bienes materiales**

Existen casos de lágrimas por pérdidas económicas, como la bolsa de valores, pérdida de cosechas, etc. Algunos no lo pueden superar y han llegado hasta el suicidio.

El significado de Las Lágrimas para Dios

DIOS ES UN SER EMOCIONAL.

1. Puede estar entristecido.

En este mundo la maldad en hombres y mujeres va en aumento.

En la antigüedad existieron personas que siempre estaban pensando en hacer lo malo y solo lo malo.

Cuando Dios vio tanta maldad en ellos....SE PUSO MUY TRISTE DE HABERLOS HECHO Y LAMENTÓ HABERLOS PUESTO EN LA TIERRA por eso dijo:

"Voy a borrar de este mundo a la humanidad que he creado, voy a acabar con toda la gente y con todos los animales, estoy muy triste de haberlos hecho"

Gen.6:5-7) Biblia Isha

2. ABORRECE EL PECADO

Hay seis clases de gente y puede añadirse una más que Dios no puede soportar:

La gente orgullosa
La gente violenta
La gente mentirosa y malvada
La gente ansiosa de hacer lo malo
La gente que miente en un juicio y
La que provoca pleitos familiares.
(Prov.6:16-19)

3. JESÚS AMA A LOS PECADORES.

Dios amo tanto a la gente de este mundo que me entrego a mí que Soy su Único Hijo, PARA QUE TODO EL QUE CREA EN MI NO MUERA SI NO QUE TENGA VIDA ETERNA. (JESUS) (Juan.3:16) Biblia Isha

JESÚS LLORÓ….

Mientras estuvo aquí en la tierra, Jesús ofreció oraciones y súplicas con gran clamor y lágrimas al que podía rescatarlo de la muerte.

Y Dios oyó sus oraciones por la gran reverencia que Jesús le tenía.

Aun siendo el hijo de Dios, por medio del sufrimiento **aprendió lo que es obedecer siempre a Dios**

Así que obedeciendo y haciendo siempre lo que dios le mandaba se convirtió en el salvador del mundo y quien da la vida eterna a todos los que le obedecemos. (Hebreos 5:7)

NO SÉ SÍ TU ESTÁS EN ESTE MOMENTO PASANDO POR EL VALLE DE LÁGRIMAS

"Cuando anden por el Valle de Llanto, se convertirá en un lugar de manantiales refrescantes, las lluvias de otoño lo cubrirán de bendiciones" Salmo 84:6 NTV

NO TE IMAGINAS CUÁNTO VALORA NUESTRO SEÑOR JESUCRISTO TUS LÁGRIMAS:

Dios no es una fuerza impersonal. Sus lágrimas lo demuestran.

Cada vez que el Señor lloraba demostraba lo importante que son para El los pecadores

LÁGRIMAS DE UNA MADRE POR SU HIJO

"Las lágrimas que desprendía aquella madre angustiada por la pérdida de su pequeño"

Porque las lágrimas conmueven a Jesús- Lo impulsan a responder, EL no es un Dios indolente, él no está en su trono y no se conmueve cuando uno de sus hijos llora sino que está dispuesto a resolver, está dispuesto a ayudar, está dispuesto a responder el clamor de su pueblo, él no puede ver a alguien sufriendo…

Por tal razón El hizo el milagro de resucitar a su hijo, tocando el féretro le dijo: "JOVEN A TI TE HABLO, LEVÁNTATE", el muerto se sentó y comenzó hablar y se lo entrego a su madre con vida. Por este milagro la gente comenzó a temer y a Glorificar a Dios

(Lucas 7:11-17)

Pero que fue lo que motivo a Jesús a decirle aquella mujer que no llorara, que fue que lo impulso a decir "No llores" ¿Se puede decir no llores a quien se le ha partido el corazón de dolor al ver morir a su único hijo?

Llorar no solo es derramar lágrimas, especialmente cuando lloramos por un suceso desgraciado

Llorar es lamentarlo y sentirlo profundamente. Sobre todo cuando hemos perdido una vida de alguien muy amado, perder algo que se tiene y se deja de tener

Ese "No llores" que dice El Señor, es distinto

Es un Ruego de Confianza, dicho en otras palabras: DEJA DE LLORAR Y TEN FE

Es un mensaje para el que ha perdido toda esperanza, también es "DEJAR DE DUDAR"

ÉL ES TAN BUENO QUE NO PUEDE VER A SU CREACIÓN SUFRIR

LAS LÁGRIMAS Y EL CONSUELO

"BIENAVENTURADOS SON LOS QUE LLORAN POR QUE ELLOS RECIBIRÁN CONSOLACIÓN" (Mateo 5:4)

Dios desde el momento que ve a uno de sus hijos llorar, quiere consolarlo, él te da la paz que necesitas.

El nacimiento de mis hijos

En mi infancia y adolescencia llore mucho, estaba tan decepcionada de Dios que ya no podía confiar en EL, sin embargo me sentía tan sola, abandonada que a nadie le importaba, en las noches en mi habitación, lloraba mis desgracias y aun resentida le hablaba a Dios a mi manera hasta lo veía reflejado en una marca de una gotera en el techo de mi cuarto, veía su rostro triste y con su corona de espinas, yo sentía que él estaba triste y lloraba junto conmigo.

A los tres años contesta mi oración, llega el amor de mi vida a llenar mi soledad con un noviazgo de siete años todo muy romántico

Así que nos casamos y a los dos años de casados llegaron los benditos hijos.

Dios me dio la oportunidad de traer al mundo tres hermosos niños y puedo compartirles acerca de mi experiencia cuando ellos nacieron, el escucharlos llorar al nacer era la certeza de que estaban vivos, de perdido y agradecer a Dios por ello, ya que algunos no logran sobrevivir.

Mi primer embarazo fue muy lindo, ni siquiera me impedía trabajar, así que cuando nace Samy mi primer hija experimente como madre que ya no importaban los gritos de dolor y lágrimas que derramadas por las fuertes contracciones, ya que ver ese pedazo de tu carne con vida **"sí que es muy emotivo"** y causa de felicidad, mis otros hijos nacieron por cesárea, no porque yo lo dispusiera, si no que fue Dios quien lo planifico y a través de ello siempre me ha enseñado a madurar

Yo quede muy traumada por las contracciones, ya que fueron inducidas, no llegaron de forma natural y sufrí mucho ya que fue muy prolongado el tiempo de nacimiento, estuve toda una noche y todo el día siguiente y como a las 6:00 de la tarde nació, en ese trayecto de dolor, llore y grite demasiado, a mi esposo le apretaba su mano tanto que ya no pudo resistir ver mi situación, así que decidió salir a llorar afuera, su mama se encargó de mí, por supuesto yo estaba muy enojada porque me había dejado con ella, yo lo necesitaba más que nunca.

Así que el parto de Samy fue muy traumático, más para mí que era primeriza, yo podía ver al ginecólogo como estresado y sudando preocupado porque no podía nacer Pude ver como tomaba unas tijeras gigantes para sacarla

por fin, ahora sé que se llaman "fórceps", pero el doctor
no registro ese hecho. Por ese motivo quede traumada
y le pensaba para embarazarme de nuevo. Yo programe
mi primer embarazo, pero los otros dos nacieron con el
programa de Dios y sin mi permiso

Mi segundo embarazo.- Cuando estaba embarazada
de Abraham yo rezaba y le decía "Señor tengo miedo
pasar ese dolor tan intenso otra vez" y no se dejó espera
la respuesta de Dios porque cuando estaba a unos días
de nacer, me hacen una radiografía y él bebe venia "de
frente al sol" así le llaman los médicos cuando vienen en
posición de nacer pero con la cara de frente, el ginecólogo
se preocupó y me dijo:

> "Señora es muy difícil que él bebe pueda
> voltearse, ya no hay espacio, él está muy
> grande" y si le damos vuelta al momento de
> nacer manualmente puede traer el cordón
> umbilical en su cuello y se puede asfixiar, así
> que es muy arriesgado tanto para usted como
> traumático para él bebe, para que dejar que le
> den contracciones de todas formas si se dificulta
> la vamos a operar, mejor por seguridad para los
> dos la programamos para cesárea". De pronto
> me doy cuenta de que estuve hablando con Dios
> de que tenía miedo a las contracciones y ahora
> contesta con este diagnóstico y me salva de ese
> tremendo dolor. Pero todo era una enseñanza
> para que yo valorara el alumbramiento natural
> y la operación.

Puedo contarles de mi amarga experiencia de la primer cesárea, tenía que caminar muy despacio debido al dolor tan intenso en la herida, no me podía acercar a la estufa y no podía cocinar, ni barrer, ni hacer nada, ahora deseaba que estuviera mi suegrita, pero ella fue operada de la rodilla y estaba también recuperándose.

Tuve que hacer esfuerzo para hacerle de comer a Samy y esperar como veinte días para que ya no doliera. Compare que cuando el primer parto llegue adolorida, pero la recuperación al siguiente día ya estaba haciendo los quehaceres de mi casa, sin ningún dolor. De todas formas agradezco a Dios que siempre estuvo ahí para ayudarme y permitirme crecer más como mamá.

Mi tercer embarazo.- Cuando nació Pamela, yo le dije al ginecólogo la quiero tener natural, me dijo "Lo siento, ya cuando hay una cesárea, se tiene que hacer otra, me dio una serie de explicaciones clínicas y tuve que aceptar. Para mi sorpresa y en medio de la cesárea el ginecólogo me dice, usted ya no puede tener más hijos, le digo "porque doctor" contesta "Cortamos y la bolsa donde está la niña está muy delgada muy transparente, déjeme decirle que si a usted le hubiera dado una contracción la bolsa no hubiera resistido y muere usted y la niña, así que yo la voy a operar para que usted ya no tenga más hijos por su seguridad.

Ahí de nuevo veo la mano de DIOS salvándonos a mí y a mi Pamelita de morir

¡COMO NO CREER EN DIOS!

Jesús haciéndose presente a través de un médico

Mi matrimonio no fue color de rosa solo duro dos años la felicidad, después mi marido se transformó en un ser humano muy inseguro y me hizo mucho daño con sus incontenibles **"celos"**

Por tanto maltrato psicológico, yo decidí pedirle el divorcio, el me pidió otra oportunidad, pero ya no lo amaba, guardaba mucho resentimiento y falta de perdón, eso sí, me importaba el "qué dirán" lo volví aceptar pero teníamos un matrimonio que vivía de "apariencias"

Pero como Dios siempre llega a tiempo, permite la enfermedad de Samy y nos hace **"llorar"** de nuevo, arrepentirnos de nuestros pecados, reconocer que andábamos mal. Así que no tardan en invitarnos en Fihnec ya estábamos listos para aceptar a JESÚS, volví a confiar en que DIOS, ya que siete médicos no habían podido hacer nada. Tuve que CREERLE A EL GRAN MÉDICO DE MÉDICOS.

Hace 25 años yo me la pasaba llorando a solas, aquí en Fihnec me enseñaron a ORAR y Orando vimos como las convulsiones se iban alejando y ella mejorando cada día.

Cuando cumplio14 años, la notamos un poco irritable y la llevamos al Neuropediatra para que la valorara, recomendado por una amiga y me lleve una gran sorpresa, el médico dijo:

"Señora ya examiné a la niña y está muy completa, si usted supiera cómo me traen aquí algunos niños, unos muy trastornados mentalmente, otros con sus ojitos desvirtuados, algunos no caminan o no hablan, etc. Pero esta niña está muy completa, si usted no me dice que le dan convulsiones, yo no lo creería, quiero felicitarla por el gran trabajo que ha hecho con ella y déjeme decirle que por lo regular este tipo de convulsiones así como llegan sin motivo aparente, así se van un día".

¡Esas mismas palabras unos días atrás sonaban fuerte en mi interior¡

DIOS confirmándome

Por primera vez escuchaba a un médico dar buenas noticias, dar **esperanza,** la mayoría de los médicos anteriores solo cosas negativas nos hablaban tales como:

"Toda la vida va estar con medicamento"

"Se va ir deteriorando mentalmente por las neuronas que mueren al convulsionar"

"Se le hará un daño cerebral"

"Por lo regular estos niños no duran mucho, puede morir joven si no es por los golpes, puede tener alguna complicación" etc.

Así que escuchar al médico tan positivo, fue **un consuelo** para nuestra vida. Yo sentía que esas palabras no venían del médico, si no que venían de parte de Dios así que de pronto mi mirada se fija en una foto sobre su escritorio y ¡que sorpresa!!! ¡La **confirmación!** Esa hermosa foto, nunca en mi vida la había visto y eso que visite muchísimos médicos y consultorios, JESÚS en medio de ellos guiándolos en la operación, la verdad me estremecí

Jesús médico de médicos

¡!!LLORÉ DE ALEGRÍA!!!

Le dije a mi esposo yo sabía que este médico no era cualquier médico, fue el mensajero de Dios para confirmarnos lo que ya me había dicho anteriormente.

Y Cosas así comenzaron a suceder muy seguido

Jesús valora tanto las lágrimas derramadas

1.- <u>Jesús le dice a Simón:</u>

"Mira esta mujer que esta arrodillada aquí. Cuando entré en tu casa, no me ofreciste agua para lavarme el polvo de los pies, pero ella los lavo con sus **lágrimas** y los seco con sus cabellos." (LUCAS 7:44 NTV)

OYE EL SENTIMIENTO QUE TRASMITE JESÚS EN ESTE VERSO

"Tu Simón no me distes agua para lavar mis pies, y aún si me la hubieras dado no hubiera alcanzado **<u>el valor de las lágrimas</u>** que ha derramado esta mujer"

2.- Jesús llora por Lázaro.

Cuando llega ante la tumba de Lázaro y ve a Marta y María, que sollozaban, Él también se emociona y **estalla en llanto**, por su amigo tan es así que la gente comenzó a decir...

- ¡Miren, cómo le amaba!

Jesús **llora** por la muerte y por el dolor de su amigo... **esto le inspira a hacer el milagro de resucitarlo.**

3.- Cuando Jesús está en el Huerto de Getsemaní.

Visualiza la pasión y la muerte espantosa que le viene encima.

Tiene miedo, llega a sudar sangre, **y llora** con verdadero clamor **y lágrimas** amargas...

Contemplamos aquí a Jesús **que llora** por lo que va a sufrir...

4.- Jesús llora por su patria

Lucas 19:41-42

Jesús vio la ciudad de Jerusalén y lloro por ella

Dijo: "Como quisiera que hoy supieras lo que te puede traer paz, pero eso ahora está oculto a tus ojos. Te sobrevendrán días en que tus enemigos levantaran un muro y te rodearan y te encerraran por todos lados. Te derribaran a ti y a tus hijos dentro de sus murallas. No dejaran piedra sobre otra, porque no reconociste el tiempo en que Dios vino a salvarte"

JESÚS NUNCA SE AVERGONZÓ DE SUS LÁGRIMAS

JESÚS LLORA POR NUESTROS PECADOS

JESÚS LLORA POR NUESTROS PROBLEMAS

JESÚS NOS AMA TANTO QUE LE DUELE TODO LO QUE NOS SUCEDE....

El cáncer y los pactos

Un día estando en la organización de Fihnec llega una señora llorando por una necesidad muy grande, su hijita de solo 12 años diagnosticada con cáncer linfático, su dolor me llegó tan hondo que sentí la necesidad de conocerla y oramos por ella, desde ese momento la sentí parte de mi vida, lo que ellos sentían, yo lo sentía. Nos hicimos muy amigos toda la familia, intercedíamos por ellos y acompañaba a mi amiga a hacer las biopsias de su hija para apoyarla y darle palabras de Fe y aliento cuando salían positivas al cáncer. Cuando le dieron sus tratamientos de Quimioterapia, como su madre trabajaba, yo la apoyaba cuando me lo pedía, yo tenía una hija que convulsionaba y la dejaba encargada con mi empleada y mi esposo para poder estar haciendo el bien al prójimo, ya que Dios se había apiadado de nosotros y teníamos Paz y Confianza.

Así que esa Karlita que padecía cáncer, un día después de las quimioterapias, su pelo cayó, verla así era muy duro para sus padres quienes lloraban a nuestro lado, pero ella era una niña tan valiente que les trasmitía ánimo y fuerza y no se dejaba vencer.

Hablando con sus padres, les sugerimos hacer **"Un pacto con Dios"** prométanle servir, si ella sana y proclamen su milagro hasta los últimos confines de la tierra, ellos oraron y aceptaron.

Karlita ya había pasado por varios tratamientos de Quimioterapia, un día el médico de cabecera les comunica que tenían que llevarla a la capital del país, tal vez allá les dieran otro diagnóstico, en la ciudad ya no sabían que más hacer. Mientras la llevaban a la capital el grupo de damas del capítulo hicimos una cadena de oración por 24 horas y el milagro sucedió. Regresan con una noticia que ni ellos mismos la creían, el médico les dijo:

"Karlita no tiene nada, se analizó la glándula con cáncer y en la biopsia se ve como una muela picada en su interior, es mínimo lo que hay de cáncer, con alimentación saludable se va lo que está ahí, no necesita nada más"

Nosotras bien contentas por la noticia, yo comencé a dar testimonio en todas partes de su Sanidad. Pasaron ocho meses y su madre no testificaba de lo sucedido, ella temía que no fuera verdad, hasta que un día se decidió ir a ver al médico oncólogo de cabecera para darle la noticia que traía de la capital, quien al ver los resultados quedo estupefacto y dijo:

"Señora esto es un verdadero milagro de Dios, déjeme decirle que no me explico, sabe que su hija ya estaba desahuciada, los niños que estaban como ella ya murieron, ¡Dele Gracias a Dios por este milagro!! Allí mismo sus padres se pusieron de rodillas y lloraron agradeciendo a Dios por su Maravilloso Milagro.

Karlita continuo con su carrera, era una niña muy inteligente, solo que se comenzaba a agitar para caminar y se le dificultaba respirar, tuvieron que ponerle oxígeno, checando con el médico se dieron cuenta que por las quimioterapias ella se le había formado una fibrosis en los pulmones y era por esa razón que no podía respirar normalmente. Sus padres habían hecho un pacto con Dios, pero de repente se empezaron a distanciar, les invitábamos a compartir testimonio a otras regiones y no podían, nos dimos cuenta que estaban llenos de compromisos. Dejamos de verlos seguido y un día apoyando a los jóvenes de mi ciudad, inicio un grupo ya que mi hija insistía. Un día llega Karlita que ya era una Señorita al grupo de jóvenes a pedir oración por el problema en sus pulmones, ahora tenía una necesidad de trasplante y estaba en la lista de espera… le dije: "Chiquita, Dios no hace las cosas a medias EL las hace completas y si te sano de un cáncer para Él una fibrosis no es nada" y pregunte ¿Y tus padres dónde están?... "Ellos hicieron **un pacto** con Dios si tu sanabas de cáncer y Dios cumplió su parte pero ellos no han cumplido la de ellos" Me contesta: "Si es cierto tía, pero por eso vengo yo a servirle a Dios, en lo que pueda". Yo le contesto: "Tienes razón, que Dios tome en cuenta tu servicio" Así comenzó a trabajar en el grupo con ideas frescas, invitando a jóvenes por internet, diseñando la Visión de Fihnec para jóvenes en el idioma de ellos. Etc.

Un día me llaman, que vaya a su casa porque Karlita estaba enferma y ella pidió que le llevaran a su tía Silvia, ya era muy noche y ella estaba acostada respirando muy agitadamente y sus ojos muy abiertos tratando de decirme "ayúdame tía" ella por la fibrosis como se le dificultaba respirar, no podía resfriarse porque era fatal, así que salieron de vacaciones y en ese viaje se enfermó, ya el médico de la familia la había atendido y medicado y seguía mal, yo solo Ore y la ungí con aceite de los pies a la cabeza y le dije

"NO TENGAS MIEDO MAMACITA, DIOS NO TE VA A DEJAR" y efectivamente NO LA DEJÓ...DIOS VINO POR ELLA. En la madrugada recibimos una llamada de su mamá comunicándonos que estaban en el hospital y que la niña había muerto

Yo quede impactada, comencé a **llorar tanto** que no pude ir en ese momento, estaba en shock. En la mañana fui a ver a sus padres a su casa, les pedí perdón por no haberlos acompañado en el hospital, ya que estábamos muy afectados con la noticia. Y ahí frente a su cama donde una noche antes había estado con ella ahora oraba a Dios y le decía:

"Que sucedió Señor, porque no la sanaste, tú tienes el suficiente poder para hacerlo, no te entiendo", y esperando su respuesta di unos pasos y vi una Biblia abierta y leí la escritura donde Dios emitía un juicio... Me asuste y me aparte de la biblia y no me atreví a decirles nada a sus padres por que ya estaban muy afectados por la muerte para que yo les diera esa respuesta de Dios.

Así que en el funeral parecía que yo era familiar de la niña, llegue amarla tanto que lloraba y lloraba por ella.

"LA NIÑA VIVIÓ SU MILAGRO, SANIDAD DE CÁNCER, CINCO AÑOS LIBRE PARA HONRA DE DIOS"

Me sentí tan privilegiada de que Dios me haya dado el honor para preparar a esa niña para irse con Jesús.

Así como aquella mujer que lo preparo con perfumes antes de que JESUS fuera sacrificado

HE APRENDIDO QUE **LOS PACTOS SON SAGRADOS Y HAY QUE CUMPLIRLOS A DIOS NUNCA SE LE OLVIDA LO QUE LE PROMETIMOS**

Pasa el tiempo y un día me habla la madre de la niña y me dice necesito que hablen con mi esposo porque está renegando de Dios dice "Que porque Dios se llevó a su hija, que mejor se hubiera llevado a los indigentes que nadie los necesita, pero que su hija tenía una vida por delante". Oramos y hablamos con el:

"DIOS hizo su parte y cumplió su promesa de sanarla de cáncer, ahora ustedes pregúntense si hicieron la suya"

Hace poco tiempo el padre de esta niña, se volvió a enrolar en el servicio a Dios, y sé que ellos estarán cumpliendo su promesa

Juan 12:7-8

La biblia habla acerca de los pactos que hacemos y no cumplimos;

"Más yo os digo que de toda palabra ociosa que hablen los hombres, de ella darán cuenta en el día del juicio. Porque por tus palabras serás justificado, y por tus palabras serás condenado". Mat. 12:36-37 nuestra alma queda ligada al voto que prometimos y tenemos que cumplir, ya el Señor hablando a través de Moisés dijo:

Números 30:2 Nueva Traducción Viviente (NTV)

Un hombre que hace un voto al Señor o una promesa bajo juramento jamás deberá faltar a su palabra. Tiene que cumplir exactamente con lo que dijo que haría. Hacerle una promesa a Dios es decirle que EL haga algo por algo que yo prometo darle en gratitud a su respuesta, lo que esto quiere decir es que cuando yo hago una promesa estoy obligado a cumplir y más si Dios ya cumplió su parte del trato. Dios dice en su palabra. Prov. 6:2

Cuando hacemos una promesa a Dios y no la cumplimos nos convertimos en mentirosos

"Cuando a Dios haces promesa, no tardes en cumplirla; porque él no se complace en los insensatos. Cumple lo que prometes. Mejor es que no prometas, y no que prometas y no cumplas.". Ecles.5:1-5

Una promesa no es un problema sino una buena oportunidad para que mis peticiones sean prontamente contestadas

¿Te das cuenta que Dios no olvida las promesas que le hacemos?

Cumplir tu promesa.- Cumplir la promesa significa hacer la parte que te corresponde y con la que te comprometiste. El problema no solo es con Dios por no cumplirle, sino que también le has fallado a las personas, a hijos, a tu cónyuge, a tu familia y a ti mismo, tu palabra se ha devaluado, a tal grado que ya nadie te cree. Jesús dice...

La Biblia RV dice:..." Mas sea vuestro hablar: Sí, sí; No, no; porque lo que es más de esto, de mal procede. Mat.5:37 RV. ¿Porque dos si, si, y dos no, no? porque el primer sí, sale del corazón y el segundo sí, se pronuncia con la boca, de la misma manera, si no piensas cumplir una promesa a alguien y en tu corazón existe un no, en tus labios debe salir el segundo no, y ser honesto y congruente con lo que hablas. Es por esto que si amas a Dios, a las personas o familia. ¡Cumple lo que prometes! es lo más sano y congruente, si lo haces te hará sentir bien.

En la traducción NTV la biblia dice: "Simplemente di: "Sí, lo haré" o "No, no lo haré". Cualquier otra cosa proviene del maligno

Y se encendió contra Israel el furor de El Señor, el cual los entregó en manos de robadores que los despojaron, y los vendió en mano de sus enemigos de alrededor; y no pudieron ya hacer frente a sus enemigos. Por dondequiera que salían, la mano del Señor estaba contra ellos para mal, como El Señor lo había dicho, y como se lo había jurado; y tuvieron gran aflicción."

¿Será acaso por esto que a veces no prosperamos en nuestra vida?

Cuando **rompemos los pactos y promesas** que hacemos delante de Dios, el Señor permite que Satanás nos aflija, pues le hemos dado permiso legal.

Mientras nos mantenemos **fiel al pacto** que hemos hecho con Dios, él es fiel a sus pactos, peleará por ti y te cumplirá con todo lo que te ha prometido.

EL CÁNCER Y EL PERDÓN

La falta de perdón y la amargura constituyen el origen de muchas enfermedades. Los médicos, científicos e investigadores han encontrado pruebas concluyentes acerca de que existe una conexión más estrecha entre la mente, el cuerpo y el espíritu de lo que se había creído. Esto necesariamente no refleja un nuevo descubrimiento si estudia la Palabra y recibe una revelación de Dios sobre los espíritus arraigados que se apoderan de nosotros.

La relación entre rechazo/rebeldía/amargura y las enfermedades físicas y psicológicas tratadas espiritualmente traen liberación. Puesto que la raíz de amargura proviene de la ira y el enojo reprimidos, y por lo general hay también falta de perdón, el cual puede ser hacia usted, a otros o a Dios, cada área de su cuerpo es un blanco potencial para el enemigo.

La respuesta autoinmune tiene lugar cuando su sistema ataca a ciertas partes de su propio cuerpo, como la artritis, fibromialgia, lupus, ciertas patologías cardíacas, algunos tipos de cáncer, diabetes tipo 1 y varias alergias. Estas son las que se conocían anteriormente con el nombre de "enfermedades del colágeno", hoy conocidas como enfermedades autoinmunes. Cuando de forma obstinada nos negamos a perdonar a alguien y en cambio decimos: "Nunca voy a perdonar a esa persona. Siempre la voy a odiar. Nunca voy a olvidar lo que hizo. Usted no sabe lo que me sucedió. No sabe lo que me hizo. Tengo el derecho de estar enfadado. Tengo el derecho de estar molesto con esta persona. No la voy a perdonar", significa que nos estamos aferrando a la falta de perdón, a pesar de que Dios nos manda a perdonar al prójimo. Algunos creen que no pueden perdonar porque no sienten hacerlo. La realidad es que hay muchas cosas que deberá hacerlas por fe. Usted no puede actuar solo de acuerdo a lo que siente, porque puede tener ganas de darle puñetazos a una persona. El perdón no siempre será **un acto de fe**, sino que también se requiere de **un acto de su voluntad**. Puede encontrarse con que tiene que actuar y pedir perdón, y con la fortaleza de Dios, podrá realmente hacerlo. El poder perdonar le traerá sanidad a su cuerpo, mente y espíritu. Y DIOS SANARÁ SUS HERIDAS DEL ALMA Y FÍSICAS.

"Dios Honra a los que le honran"

Hace más de 10 años Dios hizo un milagro en la vida mi amiga Angélica, a quien amo mucho, ella era miembro activo de FIHNEC en mi ciudad de origen, era muy comprometida y había visto la mano de Dios en su vida, a través de haber llegado a la organización, era una chica triste por la muerte de sus padres, traía luto en su corazón y era soltera, además tenían problemas familiares y algunos hermanos no le hablaban. Un día me dice que quiere hablar conmigo, me asuste un poco ya que la vi muy seria, hablamos en la oficina, me cuenta que acababa de ir con el médico y le dio una mala noticia, que tenía cáncer en un seno. Eso impacto su vida y la mía también ya que decir "cáncer" equivale a "muerte" por supuesto que me hice fuerte y le hice una oración con mucha FE y Poder de su Espíritu Santo para que tomara control y todo semilla de cáncer muriera, declarando vida en lugar de muerte para ella. Ella regresa con el médico y le dice que tienen que operar, ella va y se interna en un hospital fuera de la ciudad y el médico le sugiere que si extirpan el tumor y no esta encapsulado se puede invadir de cáncer, por seguridad le dijeron que tenían que hacer una mastectomía, ella acepto, así como dice su palabra, "vale más entrar al cielo sin un miembro de tu cuerpo que con él y todo contaminado" Conociendo a Dios tan sabio, aprovecho esta ocasión para poder ver su amor a través de esta situación tan fuerte, los hermanos se unieron y los que no le hablaban se acercaron a ella y llorando se pidieron perdón

Angélica regreso de ese hospital completamente diferente, sin un seno pero sin cáncer, se transformó en una mujer alegre, risueña, positiva, llena de vida y ganas de vivir. La dejé de ver por un tiempo porque me cambie de ciudad y cuando tengo noticias de ella la veo en el Facebook con esposo, ya casada, BUENO ME ALEGRÉ TANTO Y AGRADECÍ A DIOS POR SU VIDA Y LA NUEVA OPORTUNIDAD DE EXISTIR.

Hace más de un mes viajo y vino a visitarme al capítulo de FIHNEC, nos abrazamos con mucho amor y me presento a su esposo que traía una situación y oramos por sanidad, ella me recuerda que lo de su matrimonio tenía mucho que ver con una profecía que le di antes de cambiarme de ciudad, yo no lo recordaba pero dice que le profetice que se iba a casar y que su marido no iba ser de la ciudad, y efectivamente se casó con una persona muy buena y de otra ciudad, le damos a DIOS TODA LA HONRA Y RECONOCIMIENTO POR SUS OBRAS MARAVILLOSAS.

El cáncer y el abandono

Cuando era adolecente conocimos a una familia por medio de mi tío José, era una familia numerosa el mayor de los hijos curso escuela primaria junto conmigo, la más pequeña era una hermosa niña de ojos muy claros, apenas daba pasos. Su padre se fue a Estados Unidos con mis tíos y allá consiguió trabajo y se independizo, les enviaba dinero para sostenerse a una familia. Pasa el tiempo y un día deja de enviar dinero, ya no hay noticias de él, mis familiares investigaron y se dieron cuenta que se había casado con una norteamericana y se olvidó de su familia, su esposa busco trabajo para sacar a sus hijos adelante, una gran señora, muy responsable de ellos hasta que crecieron y se casaron. Pasa el tiempo y un día me manda buscar la hija de en medio quien se había casado con un hombre muy prominente de la ciudad me mando decir que si podía ir a la casa de su hermanita la pequeña de ojos claros, para hacer una oración porque estaba muy grave DESAHUCIADA DE CÁNCER, yo nunca me niego a pesar de que tenía mucho tiempo sin saber de ellos. Lo que encontré en esa casa lleno mi corazón de tristeza, estaba esa niña, ahora mujer postrada en una cama moribunda con un color amarillento en su piel y demasiado delgada, sus hijos pequeños estaban arriba de la cama llorando por su madre. La verdad me conmovió tanto ver ese cuadro. Yo tenía una deuda con Dios ya que cuando mi madre estaba agonizando no quise ir a verla morir, por cobardía, ahora tenía que superar ese sentimiento que me llegaba muy profundo el ver el dolor de la familia. Sus hijitos sufrían tanto que me veía reflejada en su dolor, por lo que yo había pasado cuando niña.

Me repuse, le pedí fuerzas a Dios y espere a que llegara su Líder espiritual que también lo había llamado, el cual nunca apareció. Me acerque a ella, la ungí con aceite y ore por ella, le hable al oído y le dije "le hablo a tu Espíritu, dile Jesús perdona todos mis pecados me arrepiento de ellos y te acepto como mi Señor y Salvador, entrégale tu vida, alma y espíritu y que escriba tu nombre en el libro de la vida, en el nombre de Jesús, Amen. Cuando termino de orar por con ella suspira muy profundo y descansa (había estado muy inquieta y sus manos se crispaban junto con su cuerpo) después de la aceptación de Jesús como su Señor se puso en paz, sus manos sobre su pecho, tranquila, sus hijas comenzaron a llorar muy fuerte casi arriba de ella y decían ¡ya se murió! ¡Ya se murió! Yo les dije con una seguridad: "No está muerta se puso en paz con Dios" si Él quiere puede levantarla de esta cama totalmente sana si es su voluntad, la biblia lo dice y yo lo creo, dejaron de llorar y le dije al esposo creo que es un tiempo para que hablen con ella y le pida perdón, ella lo escucha, háblele al oído y en ese momento salimos todos de la habitación.

Después veo con sorpresa que ahí está el padre que las abandono, ya muy anciano, la esposa lo espero toda su vida, nunca se casó y lo perdono y lo volvió aceptar de hecho creo que siempre lo amo, Yo le digo usted es el que sigue de ir a pedirle perdón a su hija, por haberlos abandonado cuando más lo necesitaban, asintió con su cabeza muy arrepentido y triste para su hijas era muy difícil perdonarlo, por el daño que él les había causado por el abandono, yo las exhortaba y animaba a perdonar y no esperar a estar en la condición de su hermanita para hacerlo. La verdad por Fe yo esperaba que Dios hiciera un milagro, pero Él es soberano y hace su voluntad. Al siguiente día me avisaron que había partido con el Señor.

Volví a sentirme tan privilegiada por ese honor que me hizo de haberla preparado ponerse en paz con Dios y su familia y para que Jesús le abriera las puertas del cielo.

El cáncer en la familia

Mi esposo y yo siempre nos preocupamos por evangelizar a nuestras familias para que aceptaran a Jesús como su Salvador. Casi todos fueron a FIHNEC, pero no se quedaron a servir porque algunos se fueron a vivir a otros países.

En la familia de mi esposo había muchos conflictos, mucha falta de perdón entre sus hermanas y primas. El trato muchas veces de unirlos pero son de carácter fuerte y no lograba que se perdonaran y reconciliaran. Entristecido siguió sirviendo a Dios y siempre clamando por ellos.

Es verdad que se cumple la palabra que dice: ¡No crean que vine a traer paz a la tierra! No vine a traer paz, sino espada.

"He venido a poner a un hombre contra su padre a una hija contra su madre y a una nuera contra su suegra

¡Sus enemigos estarán dentro de su propia casa!"

Mateo 10:34-36 NTV

La prima de mi esposo la Dra. Estela empieza a padecer de cáncer hace aproximadamente unos 12 años, ella es cristiana y se aferró mucho a Dios, fue misionera en su iglesia y apoyaban a los indígenas de Chihuahua, siempre la admiramos en la familia por esa labor tan linda. Andando allá la misericordia de Dios la envolvió y adopto a dos niños tarahumaras, los trajo a vivir con ella eran pequeños. Ya cuando crecieron, tuvo problemas de comportamiento con el más pequeño y a raíz de que Dios le da la oportunidad de realizarse como mujer con una persona, ella los regresa a Chihuahua, la verdad sentimos un poco de tristeza porque formaban parte de la familia pero no debemos juzgar si no pedir a Dios por esa situación, eso hicimos. Después de unos meses que ellos partieron ella comienza con problemas de **cáncer**, creo que la tristeza y el sufrimiento de desprenderse de ellos ocasiono que se estresara, Solo Dios lo sabe, ella paso por tratamiento de Quimioterapia y perdió el pelo, fue traumático para ella, pero con la ayuda de Dios y entre lágrimas y Oraciones después de sus tratamientos y cirugía, salió adelante. Ella regresa después a buscarlos y a pedirles perdón a sus hijos y a tratar de que volvieran a estar con ella, solo el hijo grande regreso, el otro ya no quiso volver pero ella siguió apoyándolo económicamente. Nosotros sabíamos que entre las hermanas no se hablaban a raíz de un conflicto entre ellas al morir su madre, siempre pedimos a Dios por esa situación e insistimos en que se perdonaran, recordándoles que la falta de perdón no traía nada bueno, al contrario alimentaba más la enfermedad sin embargo ella no estaba lista todavía para el perdón.

Pasando algunos años le vuelve aparecer el cáncer, mi esposo y yo oramos por ella,

Sabemos que Dios hizo un milagro, ya que está libre de Cáncer para LA GLORIA DE DIOS

Irela su hermana y prima de mi esposo, ella es Licenciada y es maestra, vive en Texas, ella es madre soltera de un joven muy apuesto Eduardo, hace 3 años llega a FIHNEC a través de que tuvo un accidente donde un día al ir manejando pierde el conocimiento y choca con un árbol. Por ese incidente ella reflexiona que su vida un día puede acabar y su hijo se quedaría solo, (ya que ella es padre y madre para su hijo) así que se hace miembro de un capitulo y acepta a JESUS como el dueño de su vida le entrega todo en sus manos y comienza a tener una relación íntima con él, empieza a servir en el capítulo y a adquirir crecimiento espiritual, le llamo a mi esposo para decirle que sus oraciones ya habían surtido efecto en ella, a partir de ese momento se acercó más a la familia y varias navidades la paso con nosotros, ya que por los mismos problemas de que no se hablaban entre familia, no podían pasar todos juntos las navidades. Uno de esos días platicando con ella le preguntamos que si era capaz de **pedir perdón** a su hermana la Dra. Sabiendo que una de las causas de cáncer es la falta de perdón, Tratando de llevarlos a una reconciliación para que se pusieran en paz con Dios, ella dijo que si, que ella estaba dispuesta a hacerlo, pero hablamos con su hermana y no estaba lista todavía para el perdón, así que seguimos orando por ellas.

Me sorprende mucho cómo Dios comienza a prepararnos para la prueba y con ella así sucedió, ya que el año pasado Irela fue diagnosticada con Cáncer de mama muy agresivo, según el médico, inclusive le dijeron que tal vez no lo iba a lograr, contra todo mal pronóstico su FE estaba muy fortalecida declaramos que El Medico de Médicos tenía la última palabra, mi esposo la fue a visitar oro por ella Dios le dio unas palabras de Fe y ella se sintió diferente MAS FUERTE EN EL SEÑOR. Las damas de Fihnec a Nivel Nacional e Internacional estuvimos orando por ella en una cadena de intercesión con horario y Dios no se dejó esperar, paso por tratamientos de Radiación y el tumor se disminuyó notablemente así que la programaron para extraer el tumor y todo fue de mucho éxito, solo que los médicos por seguridad le programaron unas sesiones de Quimioterapia.

Ella también perdió su cabello, se preparó internamente y espiritualmente y se compró sus pelucas, ella siempre lucia radiante, Dios estaba con ella no parecía que estuviera pasando por Esa situación ya que se hizo muy alegre y optimista.

Dice que ella oraba pero también le decía a la quimio "Tú eres mi amiga, no me vas a hacer daño, tú me vas a curar en el nombre de JESUS". Su sentido del humor y positivismo, nunca la dejaron, ya el último tratamiento fue un poco más agresivo pero Dios la sostuvo siempre de pie ella es maestra en un Escuela Tecnológica y dice que sus alumnos decían que era mentira que tenía cáncer porque nunca la notaron diferente. Quiero contarles que las hermanas a través de esta situación se pusieron en paz y ahora gozan de estar conviviendo como familia.

En el mes de abril 2019 Dios permitió que ella tocara la campana en el hospital **declarándola libre de cáncer** ¡PARA LA GLORIA DE DIOS!

El cáncer nos lleva a ponernos a cuentas con Dios

A Finales de diciembre de 2018 El hermano menor de mi esposo Carlos, fue diagnosticado con cáncer de colon e hígado, el médico que lo atendió declaro que estaba muy avanzado y que le quedaba poco tiempo de vida, él se deprimió y **lloro mucho** ya que es joven, por supuesto nosotros comenzamos a interceder fuertemente por él, El grupo de Intercesión de Damas Fihnec de México e Intercesión Internacional estuvieron orando por él, mi esposo fue a orar personalmente por él y declaramos que Dios lo sanaba y tomaba el todo el control de todo cancelamos todo mal pronóstico en el nombre de JESÚS

He aprendido mucho estas palabras desde que yo conocí del Poder de Dios:

"Nada puede pasar si no has orado, TODO puede suceder después de haber orado" y Así sucedió, busco otra opinión médica y le dijeron "quien le dijo que usted le quedaba poco tiempo de vida", déjeme decirle que usted está mal pero con tratamientos usted va a salir adelante, es joven y creo que puede lograrlo.

Mi cuñado le dio gracias a Dios por esa noticia alentadora y con mucha FE comenzó sus Quimioterapias, Carlos a través de esta situación se reconcilio con DIOS le pidió perdón por todos sus pecados y decidió ir a pedirles perdón a sus hermanos, con los que no se hablaba, se acercó de nuevo a una iglesia cristiana y comenzó una nueva vida en Cristo y con FE esperando el milagro de DIOS. Hace unos días nos envió un mensaje donde el médico le entrega un estudio donde dice que comenzó con un cáncer nivel 231 y ha disminuido a 16, la oncóloga le dijo que es libre de cáncer en el colon y que los tumores del hígado ahí están pero que declara que están ya muertos. ASI LO CREEMOS, PARA LA GLORIA DE DIOS el otro oncólogo quiere hacer un estudio para asegurarse que los tumores del hígado, efectivamente ya libres de cáncer.

El mes Mayo pasado, por primera vez se reunieron todos los hermanos y primos donde recordaron a las madres y pudimos ver los resultados positivos de RECONCILIACIÓN Y PERDÓN entre la familia, por lo que estamos muy agradecidos con DIOS por su AMOR y MISERICORDIA Y QUE HEMOS VISTO CUMPLIDAS SUS PROMESAS

"Les he dicho todo lo anterior para que en mí tengan paz. Aquí en el mundo tendrán muchas pruebas y tristezas; pero anímense, porque yo he vencido al mundo Juan 6:33 NTV

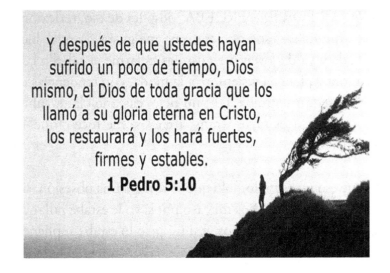

Y después de que ustedes hayan sufrido un poco de tiempo, Dios mismo, el Dios de toda gracia que los llamó a su gloria eterna en Cristo, los restaurará y los hará fuertes, firmes y estables.
1 Pedro 5:10

TREMENDO SUSTO

En el año 2016 a raíz de visitar a un médico endocrinólogo por que aumente de peso con un tratamiento hormonal, me pusieron a dieta y baje como 10 kilos, por supuesto que tuve un descontrol hormonal, el busto me bajo casi 2 tallas y comencé con dolores muy fuertes y me sentí varios abscesos, así estuve una semana hasta que programe un mamografía, en esos días

Tuve temor de que tuviera cáncer, en mi familia no hay antecedentes de cáncer, pero cuando tenía 20 años de edad me sacaron un tumor de mi seno, que fue benigno, GRACIAS A DIOS

Así que recordando ese antecedente, me intimide un poco, así que estuve orando con mucha FE, de momento en esa semana que estuve con dolor tuve una visión flash donde me veía totalmente sin pelo, yo le dije "SEÑOR, ME VAS A PASAR POR ESA PRUEBA" después de eso, reflexiono sobre mi vida, desde que era niña me gustaba andar bien peinada y ya de joven me gusto arreglarme el cabello con secadora y plancha y siempre a la moda, con tendencias de colores según se usaba, teñí mi pelo, castaño claro, rubio, rojo negro, luces rayos, transparencias, me hice chino, el pelo, lacio, etc.

Sé que eso no es malo, solo que se te haga una obsesión, sin embargo expuse a Dios mi caso por si yo le estaba fallando con adorar a dioses ajenos, y si mi pelo lo estaba supliendo a EL,

"Yo El Señor sondeo el corazón y examino los pensamientos para darle a cada uno según sus acciones y según el fruto de sus obras"

Jeremías 17:10 NVI

Fui a hacerme la mamografía y la radióloga me dijo que esperara a que la viera el oncólogo y si el veía algo malo, me mandaría a hacer un ECO.

Así que el oncólogo, leyó mi examen y solo se lo regresa a la radióloga moviendo la cabeza que no había nada., yo debería de salir brincando de alegría, pero Salí de ahí contrariada ya que los dolores seguían y los abscesos me los seguía sintiendo, hasta que estuve orando y reflexionando y me dije a mi misma "SILVIA"

¡ESTÁS SANA!!! REACCIONA!

Y sí que reaccione, dando gracias a Dios por amarme tanto, en esos días me llama una amiguita y me dice póngase una pomada de Árnica y vera que se le acaban los dolores, así que seguí su consejo y los dolores cesaron y los abscesos desaparecieron,

PARA GLORIA DE DIOS!!!

"Respondan a mis represiones,
y yo les abriré mi corazón
les daré a conocer mis pensamientos"

Proverbios 1:23 NVI

Las lágrimas son... "las Perlas de la vida"

<u>Significado de perla</u>

Heb. gâbîsh, "cristal de roca"; heb. Y ár. Dar [Est. 1:6]; gr. margaríts [de márgaros, "ostra perlífera"]).

Joya muy apreciada que se forma alrededor de una sustancia irritante entre la concha y el manto de algunas ostras perlíferas y ciertos moluscos. Se va formando con dolor, crece en tamaño a medida que el animalito va segregando carbonato de calcio para envolverla con capas sucesivas, hasta que se forman objetos redondos o semirredondos de un blanco iridiscente o azulado. Las de buena calidad se obtienen de la ostra Pintada margaritifera, abundante en el Golfo Pérsico y cerca de Sri Lanka.

En el Antiguo Testamento

La palabra hebrea traducida **"perla"** aparece una sola vez

"No se hará mención del coral ni de perlas, la sabiduría es mejor que las piedras preciosas"

(Job 28:18 Biblia RVR)

Se tradujo el significado de "perla" en hebreo nôfek pero no es muy claro su significado.

"Siria fue tu mercader por multitud de tus labores, con perlas y purpura y vestidos bordados, linos finos, corales y rubíes dio en tus ferias" (Ez. 27:16 RVR)

En el Nuevo Testamento

La identificación de la perlas

Jesús advirtió contra arrojarlas a los cerdos

"No desperdicies lo que es Santo en gente que no es Santa, no arrojes tus perlas a los cerdos" (Mt. 7:6 NTV)

Se oye muy fuerte esta palabra mas es verdadera, Cuando Dios te revele sus secretos, no se lo cuentes a cualquiera porque no lo van a creer o pensaran que estas demente.

Ciertamente el hablo algún tiempo por medio de parábolas.

"Para que se cumplan las escrituras:

Cuando ellos vean lo que hago no aprendan nada, cuando oigan lo que digo no entenderán, de lo contrario se volverán a mí y serán perdonados" *(Marcos 4:12)*

Diccionario Bíblico Cristiano Online y Gratis en Español –

El valor de las perlas

"Ni la humildad de los pescadores ni el cinismo de los mercaderes empañaran la pureza de las perlas".

Desde tiempos antiguos, la gente ha otorgado gran valor a las perlas como objetos ornamentales. Según cierta obra, el escritor romano Plinio el Viejo consideraba que las perlas ocupaban el "lugar principal y más elevado de todas las cosas preciosas". A diferencia del oro, la plata y muchas gemas, las perlas se obtienen de seres vivos. Los babilonios, persas, egipcios, chinos y romanos manifestaron gran aprecio por las perlas, las mejores perlas provenían principalmente del mar Rojo, el golfo Pérsico y el océano Índico, lugares distantes de la tierra de Israel.

Sin duda, esa es la razón por la que Jesús se refirió a "un comerciante viajero que buscaba perlas excelentes".

Hallar ejemplares realmente valiosos exigiría mucho esfuerzo.

Sabemos que las perlas finas siempre han sido muy costosas, es obvio que no es su valor monetario lo que constituyó el punto central de la parábola de Jesús.

"Guarda las lágrimas, que en tu rostro son perlas, guárdalas, habrá momentos alegres donde las exhibirás"

¡No llores mujer! ¡Acaso no sabes que este viejo poeta llora por ti ¡

Mario Beersheva

LAS LÁGRIMAS LIMPIAN EL ALMA

El dolor nos madura, nos humaniza, inclusive nos vuelve capaces de pedir ayuda y además aprendemos a dar consuelo. Sabes, el mejor maestro es el dolor ya que nos vuelve sensibles y podemos comprender el dolor ajeno.

Dicen....que los ojos que han llorado ven mejor....

Historias de la vida

Desde niña he derramado muchas perlas, por la partida de los seres más amados:

Después seguí **derramando perlas por la tristeza** por ver a mis hermanitos tan desprotegidos.

Derrame perlas por el resentimiento con Dios por haberme quitado lo más amado.

Derrame perlas por el abandono, porque mi padre se volvió a casar y se olvidó de nosotros, la familia de mi madre se olvidó de nosotros porque mi papi se volvió a casar y no soportaban ver a otra en casa y mi hermana Juanita se fue con el novio porque no soporto la vida con madrastra.

Derrame perlas al sentirme humillada y avergonzada por mi primer jefe en la Institución bancaria donde trabajaba

Derrame perlas por el odio, amargura y falta de perdón hacia mi esposo por sus celos tan terribles y a mi padre, su esposa más que nada

Pero las perlas que derrame y que para mí fueron las más dolorosas fue a través de la enfermedad en mi hija Samy

Siempre guarde las apariencias y lloraba a solas, llorar delante de la gente me hacía sentir que era débil y yo siempre trate de ser muy fuerte.

Me hice una chica dura, desconfiada, prepotente, orgullosa, vanidosa, vengativa, amargada, envidiosa, era una chica muy infeliz con un pasado triste, un matrimonio fracasado, además, una niña enferma.

A través de la enfermedad de mi niña después de haber derramado tantas perlas **pude humillarme ante DIOS y decirle que lo necesitaba,** así desde el suelo EL vino a levantarme con su amor y bondad.

Varias veces nos había llamado y regresábamos a lo mismo, solo con religión y sin conversión, cuando de verdad me entregue a Dios, El transformo mi vida, recibí su bautismo y me convertí en una persona muy sensible **a su Espíritu Santo, ahora experimentaba otro tipo de lágrimas, algo que yo desconocía:**

PERLAS DERRAMADAS DE GOZO Y AMOR

Yo amaba a mis hijos y mi familia y por humanidad sentía afecto natural por otras personas, más no amor.

Después de que Jesús entra a mi vida empiezo a Enamorarme de EL a ponerlo en su lugar, amaba a mi familia pero no a mi esposo, CREO QUE NI YO MISMA ME AMABA NI PERDONABA POR MIS ERRORES, me costó algo de tiempo, pero otras personas que no tenían parentesco conmigo era difícil.

Recuerdo un día que íbamos por el centro de mi ciudad y veo un hombre tirado en la calle con ropa muy sucia y maltratado, antes habían sido indiferentes para mí, mas ahora algo sucedía al verlos, comenzaba a llorar por ellos ¿qué me estaba sucediendo? No lo sabía, era la naturaleza de Jesús que estaba comenzando a fluir en mi corazón, pero no hice nada por esa persona. En otra ocasión, fui a visitar a mi familia y en la esquina estaba un hombre tirado y golpeado, sangrando, tal vez estaba borracho o lo habían asaltado, no lo sé, pero eso que importaba, comencé a llorar y me detuve, ¿pero que hacia? No podía cargarlo ya que era muy pesado, mi esposo no lo hubiera entendido, porque era un trato de Dios conmigo. Así que con mis limitaciones lo único bueno que pude hacer por él fue ir a la Cruz Roja y darles la ubicación donde estaba y les dije que por favor lo atendieran de sus lesiones. Solo por hacer eso me sentí muy feliz.

Ahora entiendo la Historia, las llamadas *PARÁBOLAS DE LA MISERICORDIA*. La parábola es narrada por el propio Jesús a fin de ilustrar que la <u>caridad</u> y la <u>misericordia</u> son las virtudes que guiarán a los hombres a la <u>piedad</u> y la <u>santidad</u>. Enseña también que cumplir el espíritu de la <u>ley</u>, **el <u>amor</u>, es mucho más importante que cumplir la letra de la ley**. En esta parábola, Jesús amplía la definición de **<u>prójimo</u>**

El contraste establecido entre los prominentes líderes religiosos inmisericordes y el samaritano misericordioso, es un recordatorio a los maestros de la ley de que estaban olvidando el principio de **<u>la verdadera religión y Jesús emplea un personaje</u>** despreciado por ellos para mostrarles su error.

El que no era cristiano fue el que se llevó la mejor bendición por el acto de levantar al hombre que habían asaltado, llevarlo a un hotel y pagar por el hasta que se recuperara

Yo era esa persona inmisericorde y ahora Dios estaba formando en mi misericordia, era un buen comienzo. Así comencé a sentir por otras personas muy necesitadas como los inmigrantes que pasaban por mi casa o los veía en las calles pidiendo. Un día fui a la tienda y estaban varios inmigrantes y se acerca uno (estaba bien vestido) aun así siento algo de temor y cierro la ventana y me dice "no me tenga miedo señora", solo que acabo de llegar quiero pasar a Estados Unidos, pero me invitan estas personas inmigrantes a quedarme con ellos, cree que son seguros? La verdad le dije "no lo sé" vi la angustia en su rostro, solo le pude dar unas monedas y me fui llorando a casa, porque estaba empezando a llover. Le dije a mi hija creo que tengo algo más que hacer por la gente, le he estado pidiendo a Dios formar un Refugio para la gente necesitada y darles techo y comida, todavía no lo he logrado, pero sé que Dios tiene los tiempos en sus manos.

Por lo pronto comencé a dar con amor ropa y comida a toda persona que pasaba por mi cuadra y los bendecía. Un día buscando ropa en los cajones de mis hijos siento que Dios me dice: *"No regales lo que ya no está en buen estado, da de lo mejor que tienes es para mis pequeñitos"*

Ahí reaccione y me di cuenta que yo me creía "buena" porque desde hace mucho tiempo daba a las personas, pero daba lo que me sobraba o lo que ya estaba muy usado, saben me dio tanta vergüenza y fui confrontada con una realidad. La ropa que estaba en mejor estado la guardaba para mis sobrinitos, que a veces ni la necesitaban porque sus padres les compraban buenas cosas.

Le pedí perdón a Dios y comencé a sacar lo mejor y me fui a las colonias de mi ciudad donde de verdad lo necesitaban, llegue a una escuelita y hable con un maestro le dije: "Maestro traigo unos abrigos y zapatos para los niños pero quiero que me ayude a dárselo a los que realmente necesitan, y me dijo si hay varios niños que a veces les doy para que coman algo y vienen descalzos con sus pies enlodados y con mucho frio, le dije llámelos porque hoy van a recibir su buen abrigo y sus zapatitos.

Cuando veo a esos pequeñitos, derramo perlas de mis ojos al verlos y sentirse tan contentos por haberlos arropado. Le di gracias a Dios por haberme abierto los ojos y poder dar el mensaje a tanta gente que hace lo mismo que yo hacía y reflexionen sobre esto

Bien dice el Señor:

"Tuve hambre y me alimentaron, tuve sed y me dieron de beber, estuve desnudo y me dieron ropa, estuve enfermo

y me cuidaron, estuve en prisión y me visitaron.… Mateo
35 y 36 NTV

Así comenzamos a entender sobre el SEMBRAR EN
BUENA TIERRA

Dos malas experiencias nos hicieron entender acerca de este
principio. Mi esposo llego a la Fraternidad y se enamoró
de Jesús, pensando que todos ahí eran convertidos, así que
se le acercó un hombre y le pidió prestado y mi esposo por
ayudar lo hizo ya que estábamos pasando por una situación
económica difícil, después el hombre se desapareció de
Fihnec y mi marido lo busco y le hizo entender que tenía
que pagar, así que lo obligo a pagar su deuda con mandado
ya que tenía una tienda de abarrotes.

Segundo caso de aprendizaje, un compañero de Fihnec
le pedía prestado siempre que lo veía y mi marido se lo
daba, nunca pagaba lo que pedía. Un día el presidente del
capítulo me regalo una lavadora usada ya que la mía se
había dañado, cosa que agradecí eternamente ya Dios nos
estaba regresando mucho de lo poco que teníamos para
sembrar. Platicando con el me comento si esa persona le
estaba pidiendo dinero a mi esposo y le dije que sí, y me
contesto: "No tiren su dinero. Están sembrado mal y Dios
no se los está tomando en cuenta" ¿cómo no le entiendo?
Le dije y contesta:

La palabra de Dios dice "El que no trabaje que no coma"
y esa persona es un holgazán, ya le ha pedido prestado a
muchos del grupo y no lo regresa, le estamos haciendo un

mal dile a tu esposo que ya no lo haga, hay otras personas que si lo necesitan.

Ahí aprendimos que hasta para dar hay que pedirle a Dios revelación y dirección, todo para no ser timados por personas que abusan de la FE.

El divorcio causa dolor

Perlas derramadas por sufrimiento

Hace más de 20 años conocí a una bella joven que fue invitada a Fihnec, Elizabeth, madre de dos lindos niños, nos identificamos mucho, ella tenía poco de haber entrado al grupo y para ese tiempo nuestro Presidente Nacional establece la Visión laica de FIHNEC (ya que había religiosidad) por ese motivo la gente se fue del grupo, la mayoría llevaban biblias al capítulo y eran casi de una sola denominación.

Quedamos unas cuatro o cinco damitas en el capítulo entre ellas Elizabeth, volvimos a empezar, orábamos en casa, nos postrábamos y nos humillábamos ante Dios para que nos mandara más obreros a su viña. Así comenzamos el nuevo grupo de damas, su esposo ya empezaba a asistir a el grupo de hombres y ella estaba muy contenta porque él estaba cambiando después de que le era infiel y no le proveía lo suficiente, de repente la trata muy bien, le compra coche y le paga un curso de repostería en Estados Unidos, le compro muebles en su casa y ella feliz testificaba que su marido había sido transformado por Dios, todas muy contentas dábamos gracias a Dios por ello.

De repente un día me habla muy afectada porque su marido se estaba saliendo de su casa y le estaba pidiendo el divorcio, ahora que estaban tan bien "aparentemente" Así sucedió y es que su marido quería el divorcio porque estaba saliendo de novio con una chica más joven que ella. Cuando se entera me la encuentro llorando con rabia por la traición y rompiendo fotos y tirando cosas de el por toda su casa, recuerdo que le dije "amiga en que parte del viacrucis estas, tu vida no depende un hombre depende de Dios" ella no entendía, el dolor la cegaba.

Un día me dijo me voy a suicidar con mis hijos y así se acaba la pesadilla, le dije que no, que Dios la amaba, que esperara su justicia divina, estuve apoyándola moral y espiritualmente, iba a su casa o ella se iba a la mía, no la dejaba sola, ella comenzó a fumar de nuevo, cosa que ya había entregado a Dios su niña más grande se mordía las uñas y le tiraba los cigarros de la mano muy nerviosa, lo más duro fue cuando su marido se casó por la iglesia ya que ella solo había estado casada con el por el civil. Su resentimiento la orillaba a querer hacer locuras, obstaculizar la boda y no la dejábamos su familia y sus amigas. Paso tanto dolor y yo junto con ella, me dolía tanto ver como sufría y a sus pequeños hijitos.

Después me pidió que le recomendara una abogada amiga y la abogada le dijo que ella podía dejar en la calle hasta a la familia. Llego contándome que lo iba a hacer y le dije "No amiga eso es venganza", ¿Crees que vas a ser feliz con ese dinero? Claro que no, recapacita, Dios no te va a dejar sola, ahora él es tu esposo, total que ella me decía ¿porque no me dejas hacerles daño? le decía: Porque eso no es lo que quiere DIOS, EL QUIERE QUE PERDONES, contestaba: "claro que no lo voy a hacer y los maldecía" yo cancelaba sus maldiciones y le decía a Dios que no toma en cuenta tus palabras porque estaba sufriendo mucho y el dolor y resentimiento la orillaban a hacerlo que Él sabía que ella no era así. Así que me tocó vivir la vida de una amiga devastada por la traición y el divorcio también sufría porque las amigas la rechazaban por ser una mujer sola, joven y bella. Así que cuando ella lloraba yo oraba y la consolaba que un día muy convencido le digo

"Tú necesitas un hombre pero no uno joven tiene que ser un hombre maduro que te levante y te haga sentir como una reina y levante tu autoestima, así como Steve" ella se me enojo mucho y me dijo no quiero saber nada de hombres, menos el, que podría ser mi padre (Steve era un gringo maduro muy atractivo, tenía poco tiempo de quedar viudo, yo conocí a su esposa una gran mujer de Dios al igual que él, que apoyaba a los Lideres de su Denominación) la

vi tan enojada que yo misma dije porque le dije que él, no sé porque se me vino a la mente.

Después de un mes se fue a un Congreso de su Denominación y me busco para contarme que se encontró al gringo allá y la vio y le propuso matrimonio, no lo podíamos creer!!

DIOS MISMO ME HABÍA REVELADO SU NOMBRE Y TUVO MISERICORDIA DE ELLA. Steve le dio solo un mes para que se decidiera a casarse y yo ore mucho por ellos, así que Dios le confirmo que si era de El hombre para ella sin importarle la edad y las críticas.

Tuve la gracia de convivir en esa gran boda, vestida de blanco con sus querubines de pajecitos, bellos todos. Ahora este hombre la trataba con tanta delicadeza y amor que me contaba le llevaba el desayuno a la cama, y la atendía en todo, aparte la empezó a instruir en la palabra, un día que la visite, le digo ahora solo te falta "tu gringuita" ella me dijo "yo ya no quiero más hijos, con los míos está bien" le dije está bien, está bien no te enojes, solo se me ocurrió. Bueno lo que paso es que nuevamente no se me había ocurrido, Dios me estaba dando palabra de conocimiento nuevamente y con luchas, esa niña llego, la verdad me siento muy feliz de ser su amiga y saber que Dios le dio un marido por diez años más para levantarla, amarla, prepararla para que ella siguiera su destino con sus bellos hijos a los que amo como si fueran de mi familia.

AHORA ESE ÁNGEL ESTÁ CON DIOS EN EL CIELO, MISIÓN CUMPLIDA...

ESAS PERLAS DERRAMADAS, DIOS LAS RECOGIÓ Y LAS DERRAMÓ EN BENEFICIOS PARA LOS QUE SUFREN

El divorcio y la sorpresa

Hace más de 7 años, llega al grupo la Licenciada Norita Martínez, con una gran necesidad ya que su hijo adolecente, se hería su cuerpo, ella no sabía cómo ayudarlo y recurrió a Dios a través de Fihnec. Ella recibió a Cristo, comenzó a tener una relación más íntima con Dios y siguió nutriéndose en su iglesia y Seminarios, todas la apoyábamos con oración, ayudo mucho el compañerismo y amor de Dios entre nosotras, al poco tiempo su esposo le dice que se va ir de su casa, ella no sabía que le estaba pasando, lo pusimos en oración también y un poco de tiempo y le pide el divorcio, ella estaba desconcertada y nosotros también, ella se refugió en el Señor y comenzó a crecer espiritualmente. En su relación con Dios Un día le dice que vaya a pedirle perdón a su esposo por no haber sido la esposa que él deseaba que fuera y se encuentra con la gran sorpresa de que hay una mujer en el departamento donde él estaba viviendo, ella indignada lo maldice y él le recuerda que ella está en FIHNEC, y ella dice bueno no te maldigo pero tampoco te bendigo y cuando se va él le dice "a que me venias" y ella le dice a lo que iba y se fue con mucho dolor, ella es una mujer de carácter firme, pero la traición es muy dolorosa, lloro y se deprimió por muy buen tiempo, hasta que DIOS la levanta con el Poder de su Espíritu y se entrega en cuerpo y alma a servirle, ella pasa por un mal momento, pero con el tiempo se da cuenta de que su esposo tenia a sus hijos muy oprimidos, ella y sus hijos se sintieron liberados, su hijo se dejó de cortar y salieron adelante con la ayuda del Señor, Dios la ha hecho una mujer exitosa y le a dado un excelente trabajo para ser padre y madre para sus hijos, yo la admiro porque nunca les sembró odio a sus hijos contra el padre, al contrario les hizo que lo perdonaran al igual que ella para poder ser felices, me da tanto gusto ver como Dios sano su corazón y hasta me sorprende como ella les programa citas a sus hijos con su papá y le compra el regalo para que se festejen con él y cosas así. Mis respetos para esta Gran Mujer de Valor, que sus lágrimas DIOS las ha convertido en "perlas preciosas" y ahora puede testificar de su amor

**EL SANA NUESTRAS HERIDAS Y NOS HACE
LIBRES**

Historia de un amor diferente

"MUFASA"

"Mufasa" fue un perro de raza africana "Rhodesian Ridgeback" nos lo regalaron desde que era bebe, a mí no me gustaban los perros y reprimí a mis hijos por muchos años, los niños siempre desean tener uno en casa más yo me oponía siempre, lo enviaron de otra ciudad y no podía rechazarlo, mis hijos estaban muy contentos sobre todo Abraham, parecía de peluche, dormía con él era como su juguete, de repente empieza a crecer tremendamente, desconocíamos que crecían tanto, comenzaba a destrozar las cosas, me veo en la necesidad de sacarlo fuera de casa, mis hijos lloraban por él y yo muy firme. Era un perro muy inteligente, parecía una persona, cuidaba bien la casa, la gente le temía pero le encantaban los niños, en la barda de la casa se acercaban y no les ladraba, les ponía la cabeza para que lo acariciaran, dicen que estos animales en África defienden a los niños de los leones. Cuando pasaba el camión de la basura se enfurecía tanto, que nos daba miedo, daba unos saltos tan grandes y casi se los quería comer, con nosotros solo jugaba pero era muy tosco. En ese tiempo hubo una maravilla en mi Región, hacía más de 100 años que no se daba este fenómeno hubo una NEVADA, todos estábamos asombrados y el único que estaba asustado era "Mufasa" no tenía casa para dormir porque la había destruido, así que dormía a la intemperie, ese día se refugió en el coche que tenía atascada una ventanilla y no cerraba bien, no sabemos cómo le hizo para entrar ya que era muy robusto, mas allí durmió esa noche. Los demás días ya no pudo entrar y nosotros también se lo impedimos ya que dejo sucio adentro del coche.

El me rasgaba con sus uñas la puerta y respiraba muy fuerte por las rendijas para que le abriera ya que tenía frio, (ahora entiendo cuando se expresan de forma despreciativa al tratarte como un perro) de repente comienzo a experimentar algo tan extraño por él, siento su dolor y comienzo a llorar y lo único que yo podía hacer era cobijarlo, pero con qué? si era un perro, después tengo una idea pero le pienso, yo tenía dos "cobertores" de mis hijos cuando eran pequeños y los guardaba como recuerdo, oro a Dios y siento que me dice en mi interior,

"Sigue conservando tus cobertores de recuerdo, pero el perro va a morir congelado, deja esos sentimientos y úsalos o el perro morirá"

Me sentí tan mal de darme cuenta que valoraba más las cosas materiales, que la vida de un animalito, inmediatamente saque el primer cobertor de Sam y lo cobije, él se dejó y lo cuidaba, lo arrastraba a donde se movía, era muy curioso ver eso, solo lo había visto con mis niños pequeños.

Y sentí como me lo agradecía con sus ojitos y recargándose en mí. Yo le daba de comer y lo atendía ya que mis hijos estaban en la escuela y mi esposo trabajando.

Un día tuve un sueño, soñé que afuera de mi casa cruzando la calle estaba un angelito pequeño todo blanco con su aureola en la cabeza y me decía con una dulce voz: *"Quiero estar en tu casa pero no puedo cruzar hay muchos coches pasando, ayúdame a cruzar"* yo me sentí muy honrada que un ángel quisiera estar en mi casa y trato de abrir la puerta de la reja y el perro empieza a ladrarle muy fuerte y lo "corretea "y no me permite ayudarlo, yo le digo *"perro malo"*, el angelito cruza corriendo pero entra por la cochera de mi vecina y al verle la espalda veo que era un demonio rojo disfrazado de ángel, *inmediatamente lo reprendo y le digo **"tu no entras aquí, esta casa está protegida con la sangre de Jesús"** el demonio se reía y salto arriba de mi casa, pero no pudo entrar"*

Al siguiente día, el perro amaneció todo maltratado como si hubiera peleado con alguien, esa semana experimentamos varias dificultades familiares que al final con El Amor de Dios lo vencimos.

Así comencé a considerarlo como guardián de mi casa y un ángel guardián en mis sueños. La gente le tenía respeto y no entraba a la casa así que un **día me fue a buscar una amiga y yo no la** escuchaba desde adentro, ella le dice "perrito dile a tu ama que le estoy buscando" se sorprendió tanto, porque inmediatamente el perro se da la vuelta y empieza a rasgarme la puerta para que saliera y allí estaba mi amiga que no lo podía creer, me dice "Silvia esto no es un perro, actúa como una persona"

Un día salimos fuera toda la familia y cuando regresamos en la noche lo vimos fuera de la casa, en la entrada, cosa que no era usual y tenía un montón de huesitos de pollo como que alguien le dio a comer, no sabemos si lo envenenaron, al siguiente día no lo oíamos ladrar, cosa que no sucedía, lo fui a revisar y estaba acostado y con bastante fiebre, lo llevamos con un veterinario y lo inyectaron, pero seguía sin ladrar, al tercer día murió, no saben el dolor tan grande que sentí, llore tanto por su partida lo envolví en unos cobertores parecía una persona por su tamaño. La verdad nunca había sentido este tipo de amor por una bella creación de Dios y que formo parte de nuestra vida y nos dio mucha alegría y felicidad. DIOS USA A SU CREACIÓN PARA CUIDARNOS Y PARA MI FUE UN ÁNGEL QUE DIOS ENVIÓ A CASA EN FORMA DE PERRITO PARA ENSEÑARME AMAR Y TENER MISERICORDIA ASI COMO DE LAS PERSONAS

"EL MEJOR AMIGO DEL HOMBRE"

Las perlas sufren
para ser bellas

Así como las perlas sufren, los humanos también sufrimos y somos transformados a Través del dolor.

LAS PERLAS Y LAS CREENCIAS

LOS ROMANOS

Una creencia Antigua señalaba que las perlas preservaban la envidia y el mal de ojo.

LOS GRIEGOS

Atribuyeron a la perla, la virtud de fortalecer el corazón y confortar el espíritu.

LOS CHINOS

Ellos creían que las perlas caían del cielo cuando los dragones peleaban las nubes como durante las tormentas y por ello lo relacionan con gotas de lluvia

LOS SAJONES

En la antigua religión sajona, se creía que las perlas eran lágrimas congeladas de Freya,

EN LA EDAD MEDIA

Se extendió la creencia de que procedían de la solidificación de lágrimas de los inocentes y decayó su prestigio, que recobraron a partir del Renacimiento en que se vio en ellas un elemento de buena suerte.

EN LA ACTUALIDAD

EN EL MAR

Algunas personas las usan como amuleto, en el Pacifico Sur los nadadores y buceadores las usan como protección mágica contra el ataque de tiburones y protegen sus casas contra el fuego.

LAS NOVIAS

Se cree que la novia que use perlas como accesorios o insertadas en el vestido el día de su boda, será desgraciada. Las perlas son llamadas:

"LÁGRIMAS DEL MAR"

Se creía, por nuestras tradiciones "que las perlas acarreaban lágrimas", por la misma forma en que ellas se formaban, las personas que las portaban podían sufrir de igual manera.

Sin embargo… **Las perlas son Símbolo de elegancia y Romanticismo**.

Las tradiciones

Siempre me han gustado los accesorios, las perlas me agradan mucho, desde joven deseaba tener un anillo de perlas, mas no me dejaba mi familia, escuchaba sobre la creencia que eran "de mala suerte" podía sufrir mucho, creyendo todo lo anterior me reprimí de usarlas

La verdad es que en mi familia había mucha superstición sobre varias cosas.

Yo Sin llevar perlas en mi vestido de novia pase por muchas situaciones difíciles en mi matrimonio, algunas fueron consecuencias de nuestros actos, otras para hacernos madurar como personas y poder ver **la preciosa presencia de Dios en nuestras vidas.**

Creo sinceramente que a Dios no le importa si usamos perlas o no, lo que le interesa es lo que llevas dentro de tu corazón.

En mi propia vida experimente, cuando mi esposo se convirtió en una persona diferente y afecto mi autoestima, me sentí devaluada, deseando recuperar mi valor, me hacía notar con mi forma de vestir y llenándome de accesorios muy hermosos, mi corazón estaba muy dañado, mi esposo me ignoraba en casa, así que me arreglaba muy bien para que otros me admiraran, sobre todo en mi trabajo, **ahí si tenía valor como las perlas, era admirada y respetada.** Después que ambos entregamos nuestra vida a Cristo, el me volvió a enamorar, yo no le permitía seguir, por el recuerdo de todo el daño que me había hecho más dentro de mi si deseaba ser feliz pero no sabía cómo. Ahora que conocí la verdad y he sido libre, soy feliz, y me encantan las perlas de todas formas y colores, algunas las he comprado otras me las han regalado.

Sé que mi Valor no depende de mi esposo, ni de mi belleza, ni accesorios, **el valor me lo dio Jesús,** pagando un precio muy alto al morir por mí y por todos mis pecados, soy hija del Rey altísimo y una princesa en este mundo y las princesas podemos usar perlas, no para vanidad solo para demostrar que somos de su realeza y somos embajadoras del cielo aquí en la tierra.

Las lágrimas que hemos derramado a causa del maligno a nuestra vida

1.- ATORMENTA Y FASTIDIA

Fastidio Emocional

2.-ENFERMEDADES Y AFLICCIONES

La aflicción trae llanto, dolor, angustia, tristeza depresión, etc.

Las dolencias tienen su origen en Satanás, y pueden tener su causa en los "espíritus de enfermedades"

ATORMENTA Y FASTIDIA.-

Recuerdo que cuando nos convertimos a Dios y llegamos a Fihnec, comenzaron a suceder cosas raras en casa, un día estaba en mi recamara y escucho claramente por la ventana "el gruñido" de un perro a punto de atacar, lo único que hice es rezar el Padre nuestro era lo único que me sabía de memoria, estaba muy asustada, después mando a mi hermana a checar si andaba algún perro afuera por mi ventana, y no encuentra nada.

En otra ocasión a mi hijo Abraham de tan solo 6 años de edad cada vez que se hacía tarde y quería dormir, lloraba y gritaba, decía que veía al diablo, horrorizado decía ¡Míralo ahí viene!, ! No, No por favor mamita tengo mucho miedo! Yo lo único que hacía era decir otra vez el Padre Nuestro y ponerle la Biblia debajo de la almohada, Dios honraba nuestra Fe ya que no sabía que más hacer así estuvo atormentado por una semana

ENFERMEDADES Y AFLICCIONES

Recuerdo la historia de mi madre y su triste niñez, En mi abuela había una puerta abierta para que los demonios atormentaran por maldiciones generacionales de Hechicería y ocultismo. Mi abuelo comete adulterio y se **divorcian** mi abuelita abandona a sus hijos, ella se va a otra ciudad a llorar su pena y creo que hacer algo más, mi madre y sus hermanitos anduvieron rodando en casa de sus familiares, mi mamacita se casa de 15 años y desgraciadamente fracasa ya que se había casado con un luchador y la golpeaba muy fuerte, se la tuvieron que quitar. Así ella vendiendo agua fresca en un negocio en la estación del tren conoce a mi padre, se hicieron buenos amigos, mi papá decía que platicaban muy sabroso con ella, un día la acompaña a su casa y en el camino se les oscurece, ella muy asustada le dice a mi padre que ya no la van a recibir (ya que antes había mucho recato en las mujercitas y si alguien andaba de noche ya no era digna). Mi padre tan caballero se la lleva a su casa, donde mi abuela paterna, pega el grito ya que mi padre tenía novia y estaba comprometido. No me agrado mucho saber cómo se casaron, no fue tan tierna su historia de amor, mi padre empezó a cometer adulterio también.

Mi abuela materna regresa y ya estaban grandes sus hijos, yo recuerdo que la mujer con quien había cometido adulterio mi abuelito unos años después murió muy joven, dejando familia pequeña de mi abuelo. Ahora mi abuelita materna de repente se enferma y empieza a tener un serie de cosas raras creo que era como un tormento, ella se hizo lenta, no conocía, no hablaba, su mirada perdida, estaba como demente y se hacia sus necesidades, aparte tenía unos hoyos en las piernas que supuraban "pus" y olía fétido, mi mami aparte de cuidar a tantos niños, tenía que cuidar a su mama enferma. Nunca sano. Mi Bisabuela practico ocultismo y hechicería y mi abuelita curaba y creo que también practico ocultismo, ya que la familia venía con esa línea o maldición.

Juanita mi hermana en su adolescencia comenzó a tener algo semejante, ella de repente perdia de su mente, no podía hablar, casi no podía caminar y la llevaban a otra ciudad a hacer estudios y a medicarla y ya cuando se recuperaba, volvía.

Mi madre murió muy joven de 35 años, murió primero la bisabuela un año después mi mama y varios años después muere mi abuela, mis tíos hermanos de mi mama también mueren jóvenes

Con eso en mente cuando sucede lo de las convulsiones en Samy, quien era **"Atormentada"** busco por esa línea cuando leo en la biblia acerca del endemoniado de gadareno y comienzo a leer libros de Liberación para saber que debíamos hacer, el primer libro que leí fue "Cerdos en la sala" me impresiono mucho.

Después vino un hombre de Dios de visita a casa de mi ex coordinadora en FIHNEC ella me invita y yo le pido a este señor que ore por Samy por las convulsiones, lo extraño es que no ora por ella si no por mí y dice cosas raras como que "ella está pegada al árbol" y otra palabra que no entendía en ese momento

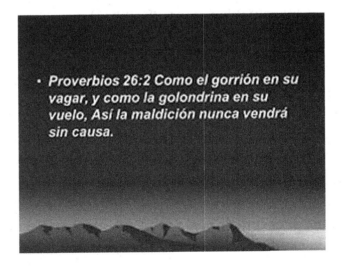

• Proverbios 26:2 Como el gorrión en su vagar, y como la golondrina en su vuelo, Así la maldición nunca vendrá sin causa.

Ahí fue el comienzo de mi Liberación fue muy fuerte ya que de mi boca salía, saliva, moco y baba y una voz tan gruesa que decía palabras en otro idioma que la garganta me quedo lastimada, la verdad me asuste un poco y por supuesto q mi amiga también ella si se asustó mucho

Pero JESÚS la buena obra que comienza en nosotros, EL la termina porque nos ama.

Así que a los 6 años de estar en FIHNEC nos invitan a una Reunión en Houston Texas y fui liberada de Hechicería en mi línea sanguínea y de traición

Antes de ser liberada, un día le pregunte a Dios que si mi hija estaba enferma de convulsiones por nuestros errores o pecados de nuestros ancestros y me dio la respuesta a través de este mensaje bíblico:

"A su paso Jesús vio a un hombre que era **ciego** de nacimiento y sus discípulos le preguntaron:

QUIEN PECO EL O SUS PADRES?

JESÚS LES REPONDIÓ:

NI EL PECO, NI SUS PADRES, SI NO QUE ESTO SUCEDIÓ **PARA QUE LA OBRA DE DIOS SE HICIERA EVIDENTE EN SU VIDA.**

Ahí me di cuenta de cómo Dios nos amaba a pesar de toda la maldad que hicimos.

Con la Historia de Job he aprendido que hay alguien que le fascina tenerte **llorando y sufriendo,** que se alegra cuando en algo te va mal, está feliz cuando hay división, divorcios, celos, envidia, rencor, amargura, falta de perdón, odio, enfermedades, ruina, preocupación, angustia, dolor, etc.

Aprendí que DIOS TIENE EL CONTROL cuando le das esa oportunidad de que sea tu Señor y Salvador no permite que nada más nos dañe.

DIOS TRANSFORMA TODO MAL EN BENEFICIOS.

Me tome de la mano de Dios, le entregue todas mis cargas y sufrimientos de verdad deje de llorar y me puse orar, reconociendo que no era Dios el que me tenía sufriendo si no alguien más que viene a robarnos la paz, el gozo, la alegría y hasta la vida.

JESÚS QUIERE NUESTRO BIEN Y NO NUESTRO MAL.

Dios nunca puede causar el mal, ya que Él es infinitamente perfecto e infinitamente bueno

TODO LO QUE DIOS HACE ES BUENO AGRADABLE Y PERFECTO...

DIOS ES LA BONDAD Y LA PERFECCIÓN MISMA.

Pero el mal en el mundo no es fruto de la voluntad de Dios, sino del mal uso que el ser humano ha hecho de la libertad que Dios le dio al dejarnos llevar por el orgullo, el egoísmo, la mentira y muchas cosas más que son seducciones del maligno. Abrimos puertas para que el malo trabaje y sigan creciendo en nuestro ser y a través de ello hacemos maldad, injusticia, violencia, traición, venganza y todo tipo de mal que vemos en el mundo. En la película de la Pasión de Cristo, podías ver como salía el personaje del maligno en varios momentos de necesidad de Jesús aun cuando estaba siendo masacrado y clavado en la cruz muy alegre por haber logrado su propósito, más lo que no sabía era el destino tan hermoso que le esperaba a Jesús a través de tanto sufrimiento RESUCITANDO Y ESTAR SENTADO A LA DERECHA DEL PADRE REINANDO CON ÉL.

Lo mismo te espera a ti y a mí cuando entendemos que a través del sufrimiento y lágrimas nos convertimos en una perla preciosa de gran valor.

Así como Jesús se transformó en LA PERLA DE GRAN VALOR…

Así lo ha hecho Dios conmigo, destrozada por las lágrimas y sufrimiento en toda mi vida, no sabía que existiera la felicidad, escuchaba que me hablaban del reino de Dios, acepta a Jesús y vivirás en su Reino y te dará la vida Eterna, yo pensaba "Ah pero eso es hasta que me muera y vaya al cielo a morar con ÉL",

Ciertamente no entendía que Jesús trajo EL REINO DE LOS CIELOS A LA TIERRA CON SU LLEGADA, El me revelo que tenía que buscar SU REINO Y SU JUSTICIA Y

TODO LO DEMÁS LLEGARÍA POR AÑADIDURA, las añadiduras eran mis necesidades personales y de mi familia.

Nadie se imagina lo que puedes llegar a sufrir en una familia que vez muy bendecida como es nuestro caso después de llegar al conocimiento de Dios y su servicio, Él nos promovió Nacional e Internacionalmente, algunas personas con celo espiritual, CON DESEOS DE PODER "deseando la silla" mas no saben que para llegar "a esa silla" se paga un precio que nadie desea. La gente no le gusta pagar un precio pero si les gusta obtener los beneficios.

Nadie se imagina lo que se vive en un hogar donde hay un niño especial, solo el que lo vive y cada caso es diferente, en el nuestro se vivió mucho estrés, impaciencia, maltrato y lágrimas.

A Samy, las convulsiones le provocaron golpes con heridas, hematomas, raspones y moretones muy grandes en su cabeza, frente, nariz, boca (dientes rotos), brazos, espalda, codos, sentaderas, rodillas y pies.

¡! Doloroso, muy doloroso!!

PERO YA ESTABA INSTRUÍDA EN LA PALABRA

YA NO LE RECLAMABA A DIOS

YA SABÍA QUE NO ERA DIOS EL QUE NOS TENÍA ASÍ… APRENDÍ QUE HAY QUE ATAR

Mateo 16:19 Reina-Valera 1960 (RVR1960)

[19]"Y a ti te daré las llaves del reino de los cielos; y todo lo que atares en la tierra será atado en los cielos; y todo lo que desatares en la tierra será desatado en los cielos"

Y lo declaraba "ESTÁS ATADO Y AMORDAZADO, NO TIENES PARTE NI SUERTE EN EL NOMBRE DE JESÚS"

¡! Podrás tocar su cuerpo pero no su alma porque le pertenece a Dios!!

¡POR SUS LLAGAS PRECIOSAS ELLA ES SANA!

Y Milagrosamente después de unos días, las heridas desaparecían de su cuerpo, sin quedar huellas muy visibles. DIOS AHÍ A ESTADO CON NOSOTROS EN MEDIO DEL DOLOR, LO HEMOS SENTIDO...

Hemos vivido el dolor pero también hemos visto su Poder y su bella presencia ahí en ese mismo lugar.

Una ocasión fui invitada a una ciudad a cuatro horas de donde vivo, a compartir una conferencia para más de doscientas damas, Dios se manifestó con poder y las damas llorando y recibiendo, hubo una pesca maravillosa de casi cien damas. Me regreso a mi ciudad y cuando mi esposo me recoge, me dice "no te vayas a asustar tu hija está en un charco de sangre" La verdad no me asuste, me llene de una fuerza sobrenatural de Dios y le dije al enemigo...

!!Ya sé que no está contento por tantas almas alcanzadas para Dios!!

Mi hija es sana porque Jesús ya pago en la cruz por todos sus golpes y con su sangre derramado

Llegando a casa efectivamente había un cuadro impresionante, la alfombra llena de sangre y ella con sus ojos inundados de sangre, yo había aprendido que donde hay show, maroma y teatro ahí en medio está el demonio, y con mucha fuerza y seguridad del cielo, tomo el bote de cloro y una toalla mojada y limpio la alfombra, milagrosamente se absorbió toda la mancha de sangre sin quedar huella sin siquiera decolorarse la alfombra. Le pusimos unas ventoletas en la nariz pero el golpe que se dio estaba ubicado en medio de los ojos, en la parte superior de la nariz, así que seguía sangrando y le llamamos a su tía quien es médico ella tenía una clínica de belleza y ahí la acostamos para que le diera unas puntadas, Samy a desarrollado una fuerza increíble, así que mi marido se encargó de apoyarse en todo su cuerpo y yo sosteniendo con fuerza la cabeza Samy lloraba y gritaba y nosotros ya no podíamos resistir, solo alcanzo a hacerle unas cuantas puntadas y dejo de salir sangre, por supuesto ya andaba la policía en la colonia rondando con los gritos de Samy a las 4 de la mañana, Gracias a Dios no pasó nada Mi hija como si nada hubiera pasado, la herida desapareció, y ahorita ni seña le quedo de esa batalla por el Poder de su Espíritu Santo para Gloria de su nombre

Mi esposo le dijo al maligno:

"Si crees que me vas a hacer que dé un paso atrás para servir a mi DIOS, déjame decirte que estas en un grave error, hoy me comprometo más con EL, ni creas que me vas amedrentar, MI DIOS ES MAS GRANDE QUE TU

En otra ocasión mi esposo fue a dar un Seminario de Hombres a Tapachula Chiapas yo estaba con mi hija y cuando me voy al baño escucho un golpe muy fuerte, Salí corriendo y era mi hija que acababa de caerse y casi estaba desmayada, si me asuste, la levante y voy viendo un hematoma bien grande en su cabeza, casi no podía llorar de debilidad, allí me enoje con Dios, le dije: "NO DICES QUE TUS ANGELES ACAMPAN ALREDEDOR DE NOSOTROS TUS HIJOS, DONDE ESTABAN TUS ANGELES, DORMIDOS O QUE" ya se calmó, le puse medicamento y ella siguió normal, en la noche nos acostamos un rato en el cuarto de su hermana Pamela porque ella estaba estudiando abajo. Orando a Dios y pidiéndole perdón por lo que dije y pidiendo que ya terminaran esas caídas y la sanara totalmente puse música para alabarlo, estaba la luz apagada, pero entraba luz de la luna por la ventana, de repente veo movimientos como lienzos que se deslizaban en círculos alrededor del cielo de la habitación yo impresionada le pregunto al Señor, que es esto Padre:

Muy claro, sentí que me dijo

"No me preguntaste que donde estaban los ángeles cuando tu hija se caía, aquí mismo están en tu casa, te los estoy mostrando"

"Así como a ti te duele, a mí también me dolió lo que le hicieron a mi hijo, y no pude hacer nada para que se cumpliera, lo que estaba planeado para que mi Gloria fuera manifestada"

Llore de arrepentimiento y sentirme indigna de lo que mis ojos estaban viendo.

Mi hija Sam no se quiso quedar a dormir ahí y nos fuimos a nuestra habitación. Mi hija Pamela termino de estudiar como a las 3 de la mañana y cuando entra en su habitación y ve lo mismo que yo y exclama:

¡AY ÁNGELES, NO ME ASUSTEN!

Y con esa experiencia sobrenatural oró y se durmió sin temor, agradeciendo a Dios aquella experiencia

Al siguiente día llegando de la escuela me cuenta lo que le sucedió y Yo le comparto porque los ángeles se hicieron visibles en nuestra casa, mi sobrino que dormía en la habitación contigua dice que también tuvo esa experiencia en su habitación, todo esto para **no** volver a cuestionar y dudar de que DIOS ES SOBERANO Y EL SABE PORQUE HACE LAS COSAS Y AUN EN SITUACIONES DIFÍCILES CONFIAR EN QUE EL ESTA CON NOSOTROS Y NUESTROS HIJOS Y LLORA CON NOSOTROS.

Unos días después me di cuenta porque pasó lo del accidente de mi hija, PARA VER SU GLORIA MANIFIESTA EN

ELLA. Todavía el hematoma no se bajaba y ella es un poco descuidada y al acostarse no calculo y se dio un golpe en la cabeza, lloro y cuando le toco el hematoma se había puesto muy blando ya no estaba duro, mi esposo se preocupó y la llevamos con un médico, nos dijo que se la había reventado con el golpe el hematoma y que había que exprimirle la sangre porque se le podía haber derramado entre el cráneo y el cuero cabelludo y que iba a ser complicado limpiarle. Sam no lloro, se dejó sacar toda la sangre (Gracias a Dios) y le hicieron unas puntadas sin problema alguno.

Solo que el medico nos dijo que sentía que había algo en el cráneo como un hoyo, que le hiciéramos una radiografía para ver si no había fractura de cráneo, la verdad yo ya se la había tocado y estuvimos orando por una semana tiempo en el cual nos dieron los resultados y por fe mi esposo y yo la declarábamos sana.

Cuando se llegó el día de la cita, el medico suspiro muy sorprendido, diciendo que la radiografía estaba limpia, no había fractura de cráneo… A DIOS SEA TODA LA HONRA Y EL RECONOCIMIENTO POR TANTOS

Milagros en nuestra familia y sobre todo con esta bella niña

SAMY ha sido toda una Historia, no solo se golpeaba físicamente si no que vivía con un temor inmenso, todo ruido le afectaba, recuerdo que desde que nació la tenía en mis brazos y se me ocurre romper un cotonete, ese pequeño ruido hizo que se espantara tanto que no dejaba de llorar, después creció y no podía ir al baño sola siempre había que acompañarla a todo lugar su carácter se estaba definiendo y empezó a ser una niña voluntariosa y pensábamos que eran los medicamentos. El médico dijo que no era el medicamento que era su carácter, una niña con un temperamento muy fuerte y especial que combinación sí que nos hizo sudar, llorar, gritar y hasta en ocasiones maltratar físicamente a través de la disciplina que como padres vamos enseñando, creo que la situación ya no pudo ser controlada como con los demás hijos, ella no entendía razones, nada más que lograr sus propósitos. En el Kínder los maestros no la podían controlar, se salía cuando ella quería y se iba a hacer travesuras. Tuve que llevarla a una escuela especial porque los maestros no sabían cómo tratarla. En algunas noches su temor era más grande, había noches que se quedaba de pie llorando con los deditos en los puestos en los oídos y gritando de miedo, mi marido tenía que dormir en otra habitación para poder estar listo en la mañana para ir a trabajar y yo me quedaba con ella intentando como acostarla, lloraba, oraba, le ponía música de Dios, hasta que amanecía se iba a la cama a dormir. Por ese motivo desde los ocho años ya no quiso dormir con sus hermanitos, ella quería dormir en medio de nosotros, mi marido la disciplinaba con palabras, con el cinto en la mano, y terminábamos llorando porque no le importaban los golpes ella no se quería salir de nuestra habitación, le dije a mi esposo no sé qué pasa pero es algo más fuerte que ella misma, tenemos que ayudarla, ya no más disciplina, ella no entiende, nos duele más a nosotros que a ella. Por ese motivo se adueñó de nuestra privacidad, ya no podíamos estar ni en contacto como esposos, hasta que la pasamos a la orilla, llorando y todo lo logramos un tiempo, mas ahora yo padecía de "calores pre-menopáusicos" y no pude estar mucho tiempo, además ella siempre me tenía muy apretada de su mano y amanecía muy adolorida de todo

Yo le decía a Dios….

Padre mi Espíritu esta fuerte, pero mi cuerpo está cansado, ayúdame Señor y así me volvía a dar fuerza por veinte años (a excepción de un año que durmió con su hermanita) despúes regreso.

Por todo esto comenzamos con otro problema en nuestro matrimonio, no había intimidad. Tuvimos que hablarlo y salirnos de casa para poder estar juntos.

ES DIFÍCIL, PERO DIOS VE TU SACRIFICIO Y TE HONRA.

Estando en la Escuela especial. Ella tenía comportamiento de niña autista, no comunicaba mucho, casi no hablaba ni decía lo que pasaba en la escuela.

Nosotros en casa la cuidábamos mucho y un día que me baño con ella, le veo sus brazos superiores con marcas de mordidas, unas desapareciendo y otras muy frescas, me dolió tanto y fui a la escuela a reclamarle a la directora que la cuidaran mejor y me encontré con una sorpresa más grande, ahí estaba mi hija golpeada con un banco por la misma niña que la mordía (descalabrada) con una gasa en la cabeza, yo me indigne, la saque de la escuela y le dije a la directora "maestra la siguiente vez me la va entregar muerta", mejor me la llevo y la hemos cuidado como esa perla que ya DIOS LA BAUTIZÓ CON UN NUEVO NOMBRE HACE MUCHOS AÑOS….

"PERLA DE JESÚS"

INTERCESIÓN POR MEDIO DE LAS LÁGRIMAS…

Cuando empecé a tener una relación con Dios diariamente, a adorarlo y alabarlo, comenzó a suceder algo en mi interior, yo solo amaba a los que de mi familia más cercana, pero después me dio tanto de su AMOR que empecé a orar y a llorar por la gente que no conocía, tenía dolor por el que sufre y lo sentía como parte de mi propia familia, ahora entiendo un poquito de lo que El siente por las almas perdidas.

Creo que Dios me regalo en una Convención Mundial en Houston el Don de la Intercesión ya que en mi capitulo cada semana llevaba un cuaderno para pedir las necesidades de cada dama era una satisfacción para mi orar en las noches por esas personas hasta lloraba clamando a Dios por ellos, eso hizo que mi oración durara más tiempo para estar en la presencia de Dios porque ya no solo oraba por los míos, alguien me dijo "el que por otros pide por sí mismo aboga "

Así que desde ese tiempo me gozaba de saber que alguien podía tener necesidades y ese cuaderno se llenaba de peticiones y yo pasaba largas horas intercediendo por todos, después hablaba con las amigas para saber cómo estaban las personas por las que había estado orando y daba gracias a Dios y los iba borrando de la lista a los que Dios ya les había contestado.

Y su palabra dice:

"Nada hagáis por contienda o por vanagloria; antes bien con humildad, estimando cada uno a los demás como superiores a él mismo; no mirando cada uno por lo

suyo propio, sino cada cual también por lo de los otros"
Filipenses 2:3-

Mi hija Pamela tenía solo 4 años y se unía a orar y a
adorar conmigo, terminábamos llorando de gozo de sentir
su presencia tan bella, y la niña me decía ¿Por qué lloro
mamacita? Y le contestaba, es que Dios te está tocando mi
amor.

Así les enseñaba a mis hijos a tener una comunicación con
Dios y adorarlo como Él se lo merece, así como dice en el
salmo 150: 6

"Todo lo que respire alabe al Señor"

En una Convención de FGBMFI que fue en Miami,
Florida. Tuve una experiencia sinigual para mí todo era
tan bello y recuerdo que nos reunieron a todos los latinos
en un salón para recibir Oración, por medio de grandes
hombres de Dios. Comenzaron a hacer una gran fila y yo
no quería levantarme hasta que vi que todos estaban de
pie, una amiga se me acerco y me dijo que te pasa porque
no te levantas, le dije

"Es que veo que algunos se desmayan y tengo mucho
miedo" ella me dijo "miedo debes tenerle al maligno que
mucho tiempo nos había tenia engañadas, a Dios no hay
que tenerle miedo, mira por años he querido que Dios
me toque y descansar en su Espíritu y nunca he podido
experimentarlo, así que no temas, todo esto es de Dios,
déjate tocar por El" Así que fui de las ultimas que pasaron,

como los Profetas eran americanos yo le dije a mi cuñada que por favor estuviera lista para ver que me tradujera lo que Dios decía a través de ellos y resulta que efectivamente cuando me toco ser ministrada caí en el Espíritu, todo tan hermoso que nadie me empujo, solo mis piernas se quedaron sin fuerzas y mi cuerpo se fue hacia atrás, yo escuchaba todo, mas no podía ni levantar un dedo estaban tan pesadas mis piernas y de verdad no podía ni hablar, era una dulce sensación en todo mi ser, que no puedo explicar con palabras, abrí mis ojos y quise levantarme y no pude parecía estar pegada al piso, alguien me dijo que me esperara un poco más y ahí me quede unos minutos más sintiendo esa nueva experiencia en mi vida.

Cuando estoy ya de pie hablo con mi cuñada y le digo "tradúceme, que fue lo que Dios me dijo o que don me dio "ella toda apenada me dijo, crees que me emocione tanto que no le puse atención, discúlpame comadre"

Unos días después en mi casa cuando oraba ya no era la misma, era algo tan hermoso tenía un deseo de orar por toda la gente, era una pasión y una necesidad tan bella después en las reuniones con las damas esperaba que terminara el evento y pasaba un cuaderno para que cada una me dijera sus necesidades para orar por ellas, así empecé con noches de desvelo intercediendo por personas y familias que no conocía pero que amaba y lloraba por ellos y por sus problemas fue una gran experiencia

Lo más maravilloso es que las personas recibían milagros y yo sin conocerlos.

Después veía gente tirada en la calle y empezaba a llorar por ellos, no sé qué me pasa antes no lo sentía así, ahora eran las lágrimas de Jesús en mis ojos por el necesitado. En una ocasión me detuve para darle ayuda a un hombre ensangrentado en una esquina y pensando que podría hacer yo por el y la lucha de que mi esposo me fuera a llamar la atención por peligrar en ese lugar. Ahí solo ore por el llorando y fui a la cruz roja para que le fueran a dar ayuda médica.

Un día recordando ese toque de Dios en Miami y me pude dar cuenta que me regalo el don de Intercesión.

La Intercesión

Un día me dice mi suegrita, hija ora por mí a ti Dios te escucha más que a mí, le digo no usted también pídale a Dios, todos estamos al mismo alcance, no me lo deje todo a mí. Un día platicando con mi amiga Elizabeth, que es pastora me dice, tu suegra tenía razón no a todos les escucha Dios igual que a los que tienen el Don de Intercesión, le digo como es eso? Si amiga Existe una gran diferencia:

El intercesor

Un intercesor es una persona que toma el lugar de otra o que suplica en el caso de otra persona. Cuando oramos de esta manera, estamos intercediendo. La intercesión puede definirse como la oración santa, llena de fe y de perseverancia, con que alguien suplica a Dios en nombre de otros que desesperadamente tienen necesidad de la intervención divina.

A través de una intercesión eficaz, se puede entrar en el mundo espiritual desde cualquier parte. Las oraciones de intercesión no tienen limitación de distancia pues pueden penetrar lugares humanamente inalcanzables e incluso pueden cruzar barreras geográficas, culturales y <u>políticas</u>. Incluso puede afectar el destino de individuos y ayudar a salvar las vidas y almas de hombres y mujeres, y puede extender el Evangelio del Señor alrededor del mundo mientras se intercede en oración.

Cómo interceder

El intercesor está ante Dios mediando por el hombre necesitado. Para ser eficaz, la persona que intercede por otra debe estar primero ante Dios, en soledad, para desarrollar la intimidad necesaria para cumplir este papel.

<u>Es sobre la base de esta relación íntima con Dios</u> que nosotros podemos permanecer entonces entre Él y otros, sirviendo como un abogado e intercesor en su nombre.

A veces esta intercesión se hace con entendimiento. Esto ocurre cuando se intercede por otros en su propio idioma materno y se entiende lo que se está diciendo.

En otras ocasiones es el Espíritu Santo quien habla a través de la persona que intercede, orando directamente a Dios según Su voluntad:

"Además el Espíritu nos viene a socorrer en nuestra debilidad porque no sabemos pedir de la manera que se debe, pero el propio Espíritu intercede por nosotros con gemidos que no se pueden expresar" (Romanos 8:26)

Historia de Tito y Chany Viccon

Ellos son mis amigos desde mi juventud, ella se recibió de Técnico en Contabilidad en mi misma generación y fue la única amiga que le permití dormir en mi casa, ya que la había psicoanalizado y había conocido a su familia que eran buenos pude tener esa confianza de que podía ser confiable y podía ser mi amiga, ella trabajo en el banco conmigo y estando ahí conoció a su amado Tito,

Ellos se casaron y tuvieron dos hermosos hijos

Una niña y un niño, ya que nos salimos del banco primero ella después yo, la vuelvo a ver, yo ya estaba sirviendo a Dios en Fihnec y la invito a las reuniones

Ella era una chica espiritual y se acoplo inmediatamente a lo que la Visión de esta organización hacía, nuestra Misión y llamado que es el de dar a conocer a la gente LAS BUENAS NOTICIAS, el evangelio de JESÚS, y SER SALVOS, naciendo de nuevo y teniendo una nueva vida. Un día me visita en casa toda la familia y me dice a solas, por favor hablen con mi esposo de DIOS ya que es un poco tremendo, yo Salí, él estaba arriba de su camioneta y le comienzo a hablar de JESÚS y de repente se arranca, quemando las llantas y me deja casi hablando sola., Mi amiga estaba tan apenada conmigo, yo le digo, "no te preocupes", no es tu marido, es el chamuco que lo está manejando. Ella que se pasa el día conmigo y sus niños, en la noche llega mi esposo y le contamos, y cuando regresa Tito por Chany, mi esposo lo empieza a abordar de nuevo (y como le inspiraba más respeto, lo escucha) le testifica de nuestra vida en desorden y de como Dios nos transformó y nos ha dado una nueva vida llena de su amor, y le presenta a Jesucristo como su Señor y salvador y él lo acepta, estábamos tan felices de el gran logro. Tito estaba muy serio al final de la oración y le dice "Mario te aseguro que vi un Libro muy grande y dorado y estaban poniendo mi nombre con letras de Fuego" mi esposo también se impactó, después oramos por ellos ya que se iban a ir a hacer una nueva vida a Estados Unidos.

Allá les empezó a ir muy bien, Dios dándole gracia a donde ellos llegaban, con un buen empleo y excelentes patrones quienes los vieron como su familia. Su hija mayor brillante y con éxito en la escuela, con Alex batallando un poquito como niño Seguíamos en contacto de vez en cuando Chany siempre me hablaba cuando necesitaba INTERCESION por alguna situación y yo con mucho gusto le compartía, la animaba y oraba por su necesidad. Ellos se integraron a una iglesia y siguieron con su familia integrados al servicio, ellos con matrimonios y sus hijos con los jóvenes de su iglesia.

Un día me llama llorando que INTERCEDIERA por Alex su hijo de 20 años porque no lo encontraban, así que clamando y llorando le pedí a Dios que Alex apareciera bien, sano y salvo. Después me llama para decirme que si lo encontraron pero tuvo un accidente automovilístico y había entrado en un coma, estuvimos intercediendo por el día y noche y Alex duro unos días y después se fue con nuestro padre DIOS.

¡Yo no podía creerlo!

TANTO LE PEDIMOS A DIOS, PERO SABEMOS QUE ESTAMOS EN SU VOLUNTAD

Fue muy doloroso para ellos, mi preciosa amiga con dolor pero entregándoselo a DIOS PADRE, mi amigo Tito con más dolor que nadie, pero DIOS con el tiempo les empezó a dar paz y a llevarse su dolor...recordamos a Alex como un ángel que esta con JESÚS ADORÁNDOLO CON SU GUITARRA EN EL CIELO

Ellos lo entregaron a Dios y aceptaron su voluntad

LAS LÁGRIMAS SON PERLAS EN LAS MANOS DEL SEÑOR… SE QUE DIOS NO CASTIGA, SOLO NOS PASA POR EL FUEGO A AQUELLOS QUE QUIERE PARA SU SERVICIO Y AL FINAL NOS QUIERE HACER PARA SER MEJORES PERSONAS… yo viví con ellos su dolor porque cuando alguien que amas sufre también tu sufres, Intercedimos a Dios y Él tuvo la última palabra.

"ALÉGRENSE CON LOS QUE ESTAN ALEGRES Y LLOREN CON LOS QUE LLORAN" Romanos 12.15

INTERCESION EN LENGUAS.-

Sobre esta intercesión extraordinaria, mi historia nace en una Convención de Fihnec en México D.F. yo no sabía nada acerca de las lenguas, escuchaba a otras personas hablar y me daba un poco de temor, a lo desconocido, lógico era muy nueva, más de repente estoy orando a Dios y repetía "Alabanza a tu nombre Señor Jesús" y de repente comienzo a decir "Alabahanza, alabarahanza, alabajarahanza," un poco asustada pero dejaba que mi lengua se enredara, más y más y comencé a llorar de alegría, no sabía que pasaba pero era algo milagroso y bello. Así comenzó Dios a darme un lenguaje celestial y cada vez más palabras desconocidas para mí.

que me emociono todavía al contarlo.

También puede ocurrir que la intercesión sea en una **lengua** desconocida; a lo que se le llama orar en lenguas.

"El que habla en lenguas extrañas no habla a los hombres, sino a Dios, pues nadie le entiende; su espíritu le hace decir cosas incomprensibles"

(1 Corintios 14:2)

Es difícil entender este tipo de intercesión con nuestra mente, pero es el nivel más profundo de oración de intercesión y el más eficaz porque es hecho según la voluntad de Dios. La mente y la voluntad de la persona que intercede no afectaran las oraciones transmitidas por el Espíritu Santo a través del intercesor en una lengua desconocida.

Recursos espirituales para la intercesión

Dios ha proporcionado grandes <u>recursos</u> espirituales de intercesión al que Él llama.

Cuando se intercede en oración realmente se lucha con el enemigo por las almas. El intercesor no hace esto por su propia habilidad o **fuerza,** sino sobre la base del poder espiritual y de la <u>**autoridad**</u> delegada en nosotros por Jesús:

Hay una gran diferencia entre autoridad y poder.

Si consideramos el ejemplo de un policía, él **lleva una insignia y un uniforme que son** <u>**símbolos**</u> **de su autoridad**, la cual le ha Sido dada debido a su posición. Debido a que no todas las personas respetan esa autoridad, el policía también **lleva un arma y esa arma es su poder.**

En cambio

La autoridad del intercesor sobre el enemigo viene dada por Jesucristo y el poder sobre el enemigo viene dado por el Espíritu Santo.

Como el policía, la persona que intercede debe tener la autoridad y el poder para ser eficaz en la intercesión, pues está haciendo realmente una batalla espiritual con el enemigo. Los creyentes reciben la autoridad por su comunión con Cristo, pero algunos nunca siguen para recibir el poder del Espíritu Santo que debe combinarse con la autoridad para interceder eficazmente.

El poder que Jesús dio por medio del Espíritu Santo es para ser usado para propósitos específicos en la intercesión. La persona que intercede tiene autoridad para:

Interceder en oración por aquellos que necesitan de sanidad y liberación

Interceder por aquellos que necesitan de la salvación

Interceder por otros servidores para extender el Evangelio

LIBERACIÓN POR MEDIO DE LENGUAS

Un día una amiga me invita a orar por su cuñada que tenía cáncer y al orar por ella veo que empieza a hacer gestos en su cara, cuando yo oraba en lenguas, que era muy poco mi lenguaje pero pare de orar y le digo a mi amiga, sabes que tenemos que regresar solo dame una semana para prepararme espiritualmente ya que creo que aquí hay algo que no está bien. Así lo hicimos ayune y ore y regresamos, sentí que debía ungir con aceite toda la casa y cuando salimos afuera de su casa ungiendo el patio y bardas Y le digo también unge a los de la casa, mi amiga me dice Silvia !!! Ven por favor !!! mi cuñada está haciendo algo muy raro, me acerco y veo que su rostro se transformaba haciendo caras y gestos y tomo control de la liberación y cuando más le decía que saliera todo espíritu de ella, contestaba que "no" y escupía mucho, estuvimos buen tiempo y no querían dejarla los demonios - para esto unos días antes yo había tenido un sueño muy raro donde yo era invitada a orar por una niña a una casa y esa niña de repente levitaba y yo la tomaba por los brazos y ella me elevaba yo no la soltaba, yo veía que podía salvarme todavía no iba muy alto, pero dentro de mi dije tengo que salvarla, vale la pena dar la vida por ella, así que seguí ascendiendo con ella mientras la trataba de liberar yo le decía, sal de ella en el Nombre de JESUS, el espíritu inmundo se reía de mí, sal de ella por la Sangre de JESUS, y seguía riéndose, yo dije como no entiendo, de repente escuche una voz en mi oído que me decía "con lenguas, con lenguas" y me dije pero si solo se algunas palabras en lenguas, pero creí que era Dios hablando y las declare y el Poder de esas palabras era tan inmenso que ese espíritu dejaba libre a la niña- Yo recordé lo del sueño que con lenguas se podía liberar totalmente y comencé a declararlas a la señora con cáncer, y fue Poderoso, la Señora "aulló" muy fuerte y fue liberada inmediatamente. El cáncer en ella la dejo, clínicamente la declararon sana para GLORIA DE DIOS PADRE Y DE SU HIJO JESUCRISTO POR EL PODER DEL ESPÍRITU SANTO AMÉN

LAS LENGUAS SON PODEROSAS NO ME QUEDA LA MENOR DUDA, POR ESO SE QUE ES UNA COMUNICACIÓN DIRECTA Y CELESTIAL CON NUESTRO SEÑOR Y NO HAY QUE MENOSPRECIAR A NADIE QUE NO HABLE CON INTERPRETACION, YA QUE SON LENGUAS ANGELICAS, NO OPERANDO COMO DON DE LENGUAS

Yo lo aprendí porque una compañera del grupo siempre que hablaba palabras en lenguas, ella sentía como un poco de celo ya que me declaraba la palabra diciendo "La biblia dice que el que no tenga interpretación de las lenguas mejor que se calle" yo había leído sobre ello y tenía razón, pero Dios me mostro que tan poderosas era ese lenguaje y después me revelo en una biblia de estudio que cuando Pablo callaba a los que no tenían interpretación era porque en ese tiempo había desorden, muchos en la iglesia hablaban en lenguas y el quiso poner orden, en ningún momento callo a la gente porque no fueran lenguas de Dios, lo hizo para que fueran de beneficio en ese momento y poner orden, así que si usted solo dice en lenguas "la-la-la" dígalas con la certeza que esa lenguas son Poderosas para derribar fortalezas en el nombre de JESÚS y por el PODER DEL ESPÍRITU SANTO

Jesucristo, el Intercesor perfecto

Cuando el Señor Jesús anduvo en la tierra como el Hijo de Dios, Él oraba muy seguido por Sus discípulos. Les amaba, y oraba para que ellos fueran guardados del mal. Como el Hijo del Hombre ya glorificado en el Cielo, Él ahora intercede por los creyentes. ¡El Señor Jesucristo es el Intercesor Perfecto! Una razón de esto es porque Él nos comprende perfectamente.

Él Mismo, vivió aquí como hombre en la tierra. La Biblia dice,

Porque ciertamente no socorrió a los ángeles, sino que socorrió a la descendencia de Abraham (Él vino como un hombre). Por lo cual, debía ser (le era necesario

ser) en todo semejante a sus hermanos, para venir a ser misericordioso y fiel sumo sacerdote (Uno que intercede por nosotros) . . . (Hebreos 2:16-17).

El Señor Jesús sabe lo que es tener hambre, y Él sabe lo que es estar cansado. Él sabe lo que es ser pobre y necesitado. Él conoce la tristeza por la muerte de un ser querido. Él sabe lo que es estar abandonado por los amigos. No hay nada que pueda entrar en nuestras vidas que Él no comprenda. Es misericordioso, y Él está con nosotros en nuestras pruebas. Su corazón lleno de amor es conmovido por todo lo que afecta a nuestro corazón. Porque nos ama, Él es fiel en orar por nosotros diariamente. Él es el Intercesor perfecto para nosotros.

Cristo ora por los Creyentes

El Señor Jesús ora por aquellos que le pertenecen. Él dijo,

Yo ruego por ellos (los creyentes); no ruego por el mundo, sino por los que me diste. . . (Juan 17:9).

El Señor Jesús ora especialmente para que estemos guardados del mal. Él dijo,

No ruego que los quites del mundo, sino que los guardes del mal (Juan 17:15).

Cristo ora por nosotros cuando somos Tentados

El Señor Jesús ora por nosotros cuando somos tentados, y el Padre ha prometido que Él nunca nos permitirá ser tentados más de lo que podemos resistir. Él siempre dará una salida para nosotros. La Biblia dice,

. . . pero fiel es Dios, que no os dejará ser tentados más de lo que podéis resistir, sino que dará también juntamente con la tentación la salida, para que podáis soportar (1 Corintios 10:13).

Cristo intercede por nosotros cuando Pecamos

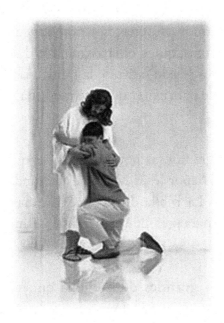

Aunque Dios ha hecho provisión por nosotros para tener victoria sobre el pecado, tarde o temprano, encontraremos que hemos fallado en algo. ¿Qué pasa cuando pecamos? Esto rompe nuestra comunión con el Padre.

Como creyentes, nacimos en la familia de Dios. Él ahora es nuestro Padre Celestial, y nosotros somos Sus hijos.

EXISTIERON GRANDES HOMBRES DE DIOS QUE FUERON INTERCESORES O MEDIADORES

En la Biblia quienes oraban por otros. Ellos intercedieron con Dios por su pueblo. A veces pedían a Dios que perdonara los pecados de su pueblo, y a veces pedían a Dios que los librara de sus enemigos.

Nosotros necesitamos un intercesor también. ¿Por qué? Necesitamos un intercesor porque tenemos un gran enemigo, Satanás, quien odia a cada hijo de Dios. Aunque Satanás no nos puede sacar de la familia de Dios, él hará todo lo posible para evitar que vivamos una vida agradable a Dios.

Así que son grandiosas noticias ¡el saber que tenemos un Intercesor! El Señor Jesús Mismo está orando diariamente por nosotros. La Biblia dice que Cristo ha entrado en el Cielo mismo para presentarse diariamente ante Dios a favor de nosotros.

Los hombres grandes de la Biblia quienes oraban por su pueblo con el tiempo murieron, y la muerte dio por terminadas sus oraciones. El Señor Jesús murió también, ¡pero Él se levantó de los muertos! Ahora Él vive para siempre jamás, y Él ora diariamente por nosotros.

El equipo de Salud News Max quería saber la verdad acerca de la oración. ¿Puede la ciencia moderna en realidad explicar la oración? **¿Cómo el acto de orar afecta al cerebro?** ¿Y qué **beneficios**, si los hay, viene la oración realmente a ofrecer a la gente… física, mental o emocionalmente?

Con este fin, salieron a la comunidad médica y científica para conocer los posibles **beneficios de la oración**. Los resultados fueron tan sorprendentes que crearon una presentación en video gratis sobre los **beneficios científicos de la oración** para compartir exactamente lo que descubrieron.

Este video muestra cómo **la oración cambia realmente cuatro áreas distintas del cerebro humano:** el lóbulo frontal, la corteza cingulada anterior, el lóbulo parietal, y el sistema límbico.

También detalla cómo una cantidad específica de tiempo de oración al día **puede ayudar a prevenir la pérdida de memoria,** deterioro mental, e incluso la demencia o el Alzheimer.

Además, cubre 47 beneficios científicamente probados de la oración, incluyendo el alivio del dolor, menor riesgo de muerte por **ataque cardíaco** o un derrame cerebral, la ansiedad o la depresión disminuye, **mejora la función inmune**, y mucho más. Fueron mediadores (o intercesores) porque oraban a Dios por otros.

Así que son grandiosas noticias— ¡el saber que tenemos un Intercesor! El Señor Jesús Mismo está orando diariamente por nosotros. La Biblia dice que Cristo ha entrado en el Cielo mismo para presentarse diariamente ante Dios a favor de nosotros.

HONRO A TODAS LAS MUJERES QUE HAN PASADO POR UN DIVORCIO Y QUEDAN TAN DESVASTADAS, HUMILLADAS Y DESVALORIZADAS POR TANTO DOLOR, MUCHAS QUE SE QUEDAN CON SUS HIJOS CASI EN LA CALLE Y TRATANDO DE SACARLOS ADELANTE SIENDO PADRE Y MADRE,

PARA TODAS ELLAS MIS RESPETOS Y ADMIRACIÓN

TERMINO CON ESTAS PALABRAS

LAS LÁGRIMAS SON PERLAS DE LA VIDA Y DE GRAN VALOR, NO TE DESANIMES, SIGUE ADELANTE AMIGA, AMIGO, DIOS ESTÁ CONTIGO....

A TODAS LAS QUE HAN PASADO POR EL CANCER Y A SU FAMILIA QUE HA DERRAMADO PERLAS DE DOLOR DE VER A SUS SERES QUERIDOS SUFRIENDO, MI AMOR Y RESPETO POR TAN DURO PROCESO

BENDIGO A TODO SER HUMANO QUE HA PERDIDO A UN SER QUERIDO Y SE HA SENTIDO DESVALIDO, TRISTE Y CON FALTA DE ESPERANZA, NO ESTAN SOLOS DIOS LES SOSTIENE DE SU MANO DERECHA Y LES DICE NO TEMAS YO TE AYUDO.

ISAÍAS 41:13

JESÚS LES AMA Y YO TAMBIÉN